俳優 南原宏治の ガハハ 大霊言

俺の辞書には〝NG〟なんてネエ！

大川隆法

RYUHO OKAWA

本霊言は、2013年8月22日、幸福の科学総合本部にて、公開収録された（写真）。南原氏が幸福の科学の研修に初参加したときのエピソードにちなみ、サングラスをかけて登場した（本文参照）。

ありし日の南原宏治氏

1989年幸福の科学九月研修「知の原理を学ぶ」で講師登用スピーチに臨む南原氏。

映画「ノストラダムス戦慄《せんりつ》の啓示《けいじ》」(1994年公開／製作総指揮・大川隆法／幸福の科学出版)では、天上界の高《たか》天原《まがはら》における日本神道の神々の議長役として、威厳のある演技を見せた。

映画「網走番外地《あばしりばんがいち》」(1965年公開／東映)で、高倉健氏の演じる主人公(左)を脱獄に巻き込む受刑者役を、抜群の存在感で演じた南原氏(右)。

「網走番外地」1965年公開 (C) 東映

まえがき

懐《なつ》かしい南原宏治《なんばらこうじ》さんの登場である。どちらかというと、私の母の世代にファンが多いと思うので、若い人たちは知らないかもしれない。坂本龍馬《さかもとりょうま》役をやった回数は日本一と自慢《じまん》されていた。一九八七年の第一回の幸福の科学五月研修に参加されて、百名余りの研修生の中で黒いサングラスをかけて出ておられたのが印象的だった。豪快《ごうかい》かつ繊細《せんさい》な方だった。

当時まだ三十歳で独身の私が、還暦《かんれき》の有名俳優に、人生の生き方を説くのであるから、いささか無理はしたかもしれない。

私がもし、幸福の科学で多少なりとも成功したとするなら、自分の父親、母親年齢の年上の弟子たちを大切にし、彼らからも吸収《きゅうしゅう》すべきものは吸収し続けたからであったろう。年上の方々からの引き立てがなかったら、現在の私はなかっただろう。あの頃の若すぎる宗教家も、当時の南原さんと同じ還暦になってしまった。いつも自分より三十歳以上若い人たちからも学ぶ謙虚さを忘れていないか、日々自問自答し続けている。

二〇一六年　二月十九日

幸福《こうふく》の科学《かがく》グループ創始者兼総裁《そうししゃけんそうさい》　大川隆法《おおかわりゅうほう》

俳優・南原宏治のガハハ大霊言　目次

俳優・南原宏治《なんばらこうじ》のガハハ大霊言《だいれいげん》

――俺《おれ》の辞書には〝ＮＧ〟なんてネエ！――

二〇一三年八月二十二日　収録
東京都・幸福の科学総合本部にて

3 霊界《れいかい》の「ミラクル伝道部長」　86

4 「南原スクール」での天使養成　118

「霊言現象《れいげんげんしょう》」とは、あの世の霊存在の言葉を語り下ろす現象のことをいう。これは高度な悟《さと》りを開いた者に特有のものであり、「霊媒現象《れいばいげんしょう》」（トランス状態になって意識を失い、霊が一方的にしゃべる現象）とは異なる。

なお、「霊言」は、あくまでも霊人の意見であり、幸福の科学グループとしての見解と矛盾《むじゅん》する内容を含《ふく》む場合がある点、付記しておきたい。

俳優・南原《なんばら》宏治《こうじ》のガハハ大霊言《だいれいげん》

──俺《おれ》の辞書には〝NG〟なんてネエ！──

二〇一三年八月二十二日　収録
東京都・幸福の科学総合本部にて

南原宏治《なんばらこうじ》（一九二七～二〇〇一）

俳優、演出家。幸福の科学本部講師。神奈川《かながわ》県出身。東京大学農学部中退。一九五一年、コンテストで「ミスター日本」に選ばれたのを機に芸能界デビュー。映画「坊《ぼ》っちゃん」「ゼロの焦点《しょうてん》」「網走番外地《あばしりばんがいち》」、テレビドラマ「国士無双《こくしむそう》」「羅生門《らしょうもん》」「無法松《むほうまつ》の一生」「白い巨塔《きょとう》」等、主演・出演作品は多数あり、〝映画の三船《みふね》・テレビの南原〟といわれた。映画「スター・ウォーズ」のダース・ベイダーの劇場公開版吹《ふ》き替《か》えのほか、パナソニックや日本ＩＢＭ、小林《こばやし》製薬のＣＭ等にも出演している。一九八六年、幸福の科学の霊言集《れいげんしゅう》に出合い、翌八七年に入信。その後、幸福の科学の職員となり、伝道部長や財務の特命担当を務め、晩年は救世運動に尽力《じんりょく》した。

＊質問者三名は、それぞれＡ・Ｂ・Ｃと表記

1　サングラスをかけて、いきなり登場！

収録直前から、すでに大川隆法の肉体に入っていた南原宏治《なんばらこうじ》氏の霊

司会　それでは、「俳優　南原宏治《なんばらこうじ》のガハハ大霊言《だいれいげん》――俺《おれ》の辞書には〝NG〟なんてネエ！――」のご収録を賜《たまわ》ります。大川隆法総裁、よろしくお願いいたします（会場拍手《はくしゅ》）。

（サングラスをかけて入場。会場どよめく。着席）

南原宏治　ああ、もう（霊として）入ってます。ええ、入ってます。

Ａ　〝入って〟ますか。

南原宏治　ええ。俺には合わないでしょう、そういう「招霊《しょうれい》の儀《ぎ》」は。もう入ってます（注。通常の霊言収録では、大川隆法が事前解説をした後《のち》、霊人《れいじん》を招霊している）。

副題に「俺《おれ》の辞書には〝NG〟なんてネエ！」と付けた意味

南原宏治　今日は、ちょっと、副題に付けといたんだけどさあ。（編集部は発言を削除して）直しまくるだろう？　これはいかんのや（会場笑）。最初、これを〝握《にぎ》って〟おかないと話にならん。

Ｂ　（笑）いえいえ。大丈夫《だいじょうぶ》でございます。

南原宏治　わしは、人生の無駄《むだ》は、やっぱりしたくないんだ。こう、言ったあと、全部、「NG」「NG」でカットされたら、たまらんの。もう、何にも残らないんじゃないの？

B　（苦笑）

南原宏治　え？　挨拶《あいさつ》だけしか残らんて。どこをどうするんだよ。君ら、それを職業にしてるんだ。なあ？

（Aに）君ね、上司としてちゃんと機能しないと駄目だよ（注。Aは編集部門を統《とう》括《かつ》する役職に就《つ》いている）。な？

A　はい。分かりました。すみません。いきなり……（会場笑）。

南原宏治　だからね、個性を殺すような仕事をやったら駄目なんだ。やっぱり、この（霊言の）主たる目的は、「いいことを言うかどうか」ではないんだよ。主たる目的は、

「霊界《れいかい》の証明」なんであるからして。

だから、そのままでいいんだよ。個性を殺したら、終わりなんだな。〝映倫《えいりん》〟は要《い》らない。うん。〝映倫〟は要らない。なあ？

B　はい。分かりました。

南原宏治　〝立派なこと〟を言うのは、ほかにいっぱいいるんだからさあ、そういうのは、もうええんだよ。もう、みんな十分飽《あ》きてるんだ、そういう本は。〝まともな人間〟の話が聞きたいんだ！　世間《せけん》の人はな。

B　（苦笑）

南原宏治　そういうことで、「総裁の言葉（通常行《おこな》っている冒頭《ぼうとう》での解説部分）」をカットしてもらったのは、まことに申し訳ないけども、しかたないよな。まあ、こういう役が多かったもんで。

（Cに）そんな小さくならんでええよ。背が大きいのは隠《かく》せんのだからさあ、小さくならんでええよ（注。Cは南原宏治氏の娘《むすめ》）。

なんか、俺《おれ》、場違《ばちが》いかな（会場笑）。

B　（笑）いえいえ。

A　衝撃《しょうげき》が強くて、慣れるまでに二、三分必要です。すみません。まだ〝起動〟しないので、ちょっと……。

南原宏治　いやあ、そんなもんかい？　スターって、こんなもんじゃないの？　だいたい、そんな感じ。ちょっと若返った気がする。

A　いやあ、元気ですねえ（笑）（会場笑）。

南原宏治　君らねえ、だいたい、タクワンしか食っとらんから、ろくな仕事ができんのやな。

Ａ　は？

南原宏治　もうちょっとねえ、いいもん食えよ。なあ？　その年で、もう干上《ひあ》がってるなんてことはねえだろうなあ？　まさか。あ？

Ａ　いや（苦笑）。何と答えれば……（会場笑）。

南原宏治　だから、「〝ＮＧ〟なし」なんだって！

Ａ　いや、これは書籍《しょせき》化されますので、そのへんは……。

南原宏治　俳優っていうのは、台本がないと話ができないんだけど、台本がねえんだからさあ。全部〝NG〟なのよ、最初から最後まで！　だから、しょうがないんだからさあ。

「わしが入ったから、教団の格が上がった」という自負

A　私は、二十数年前に、大川隆法総裁が南原宏治さんに研修会で依頼《いらい》されたエピソードが非常に心に残っておりまして。

南原宏治　おうっ！

A　まだ幸福の科学がカチカチで、真面目《まじめ》で、「学習団体」としてのイメージが非常に強かったときに、大川総裁が南原さんを個室にお呼びになりまして、「南原さん、

よろしく頼《たの》むよ。（研修会の）雰囲気《ふんいき》が固くてしょうがない。〝切り取り〟自由だから、グチャグチャにしてくれ」というように頼まれたとお聞きしましたが、やはり、そういう人生だったというか、生き方をされているんですね？

南原宏治　君ねえ、（昔のことを）「知ってるから」って、あんまりいいかげんな扱《あつか》い方をしちゃいけないと思うなあ。

Ａ　いや、南原さん、すみません。（霊言の）スタートを間違えたような気がします（笑）。

南原宏治　僕《ぼく》はねえ、（幸福の科学の）スタート時から大人だったんだよ。（質問者のＡとＢに）君らはねえ、もうほんと、学生や、学生に産毛《うぶげ》が生《は》えたぐらいの存在だったんだからさあ。やっぱり、偉大《いだい》な社会人に対する敬意を持ってやらんとさあ。勉強を始めたのは、ほぼ一緒《いっしょ》だけど。なあ？　最初からいたのはそうだけど、ちょっと年《ねん》齢《れい》がな、違うからな。

まあ、わしは、（大川隆法）先生よりも三十近く年上だったからさあ。わしが最初から弟子《でし》に入ったっていうことで、この教団の社会的地位っていうか、格っていうか、箔《はく》っていうかなあ、それがグウーッと上がったの。

分かってくれる？　君らが入ったことでは上がらなかったんだ。

B　本当にそうだと思います。

南原宏治　俺が入って上がったんだ。な？

A　確かに。

南原宏治　だから、それを忘れてもらっては困る。

別にねえ、私は、（今、サングラスをかけていることについて）不敬罪を犯《おか》してるつもりは全然ない。第一回の研修会から、サングラスをかけて参加してるからさ。

A　そうですね。

（写真上）1989年幸福の科学九月研修「知の原理を学ぶ」で、講師登用スピーチに挑戦する南原氏。合格し、本部講師に任命された。
（写真下）1989年幸福の科学五月研修「勇気の原理を学ぶ」で、参加者に檄を飛ばす。

幸福の科学発足《ほっそく》記念座談会のあとに書いた「手紙」のエピソード

A　大川隆法総裁が、一九八六年の十一月二十三日に、日暮里《にっぽり》で「幸福の科学発足《ほっそく》記念座談会」をなされました。

南原宏治　あった、あった、あった！　うん。あった。

A　日暮里酒販《しゅはん》会館（現・幸福の科学　初転法輪《しょてんぼうりん》記念館）の四階で行われ、全国から八十七名が参加されました。そのとき、大川隆法総裁は三十歳《さい》で、滔々《とうとう》と話されたのですが、そのあと、その話

（写真右）1986年11月23日の「幸福の科学発足記念座談会」の様子。（写真左）会場となった旧・日暮里酒販会館は現在、幸福の科学の初転法輪記念館となっている。

し方につきまして、南原宏治さんからお手紙を頂いたと伺《うかが》っております。

南原宏治　うん。達筆《たっぴつ》でなあ。

Ａ　（笑）つまり、「総裁を注意した」という方なんですね。そういうことは、それ以降はないと思います。

南原宏治　厚い封書《ふうしょ》ではあったと思うが、幾《いく》ら書いたかなあ。二十枚ぐらい書いたかなあ。

Ａ　近年、大川総裁は、「南原さんから、話し方が速いとか、マイクの持ち方とか、マイクとの距離《きょり》感とか、そのへんの細《こま》かいところまで教わった」ということを回顧《かいこ》されたお話をされています（二〇〇七年十月十四日、日暮里支部精舎説法《しょうじゃせっぽう》「初転法輪の思い出」）。

南原宏治　実に、いい仏弟子であるなあ。そらあ大事なことだなあ。「師をいかに輝《かがや》かせて見せるか」っていうことは大事なことや。

（Bの頭部を見て）君みたいな〝人間後光《ごこう》〟だけが、すべてじゃないんだよ（会場笑）。そういう技《わざ》をちゃんと教えることも大事なんだな。

最初は、総裁先生もご緊張《きんちょう》なされたんであろうと思われるから。滔々と滔々と、長く話しておられたから、発声法からご指導申し上げてだね、間《ま》の取り方や、下腹《したばら》の丹田《たんでん》に力を入れて呼吸法、声を出す。喉《のど》を絞《し》めるようなしゃべり方が多かったから、「それでは、喉がもたん！」ということで、昔、家内《かない》であった者《もん》とも、そういう意見はちゃんと一致《いっち》した。

突然《とつぜん》、「プライベートな話題」に脱線《だっせん》する

南原宏治　今は、ちょっと怪《あや》しげな……。

（Cに）〝あれ〟を許していいのか、おまえ！（注。南原宏治氏の死後、南原元夫人が再婚《さいこん》したことを指す）ええ？　俺の許可《きょか》を得たか？（会場笑）

C　いやあ、もう、あの……。

南原宏治　わしは許可を出してないんだから。

C　（笑）ただ、パパも、戸籍《こせき》上は三回、それ以外もたくさんのご経験を……（会場笑）。

A　三回もですか。

南原宏治　ああ、君、三回だと思ってるわけ？

C　三回か、四回か……。

南原宏治　「三回だ」と思ってる？

C　そこが定《さだ》かではないんですけれども。

南原宏治　「三回だ」と思ってるんならいい。そのほうがいい、いい（会場笑）。

C　「戸籍上は……」というのは聞いています。まあ、いろいろあるとは思うんですけれども、今日は、せっかくの……。

南原宏治　戸籍上は四回ぐらいあったかもしれない（笑）。それ以外は言えない。うん。

Ａ　娘さんを、そんなにいじらなくても……（笑）（会場笑）。十二年ぶりに会ったんですから。

Ｃ　もう、どのようなかたちでも、ありがたく思っております。それで、せっかく今日は……。

南原宏治　ああ！　自分でマイクを握ってだねえ、（私に）恥《はじ》をかかされないように、全部隠すつもりだろう？（会場笑）　分かった！　心は読めた！　あの世に還《かえ》ったらねえ、お見通しなんだよ。

Ｃ　（笑）そういうわけではないんですけれども、もうほんとに……。

南原宏治　「神様の前ではお見通しなんだ」っていうことを、あんたは知らないといかん。

C　はい。貴重な機会ですので、「多くの方にとって、ためになることをお訊《き》きしたいな」と思っております。

南原宏治　なるほど。たがをはめてきたか（会場笑）。

C　いやあ、そんなことはないです。

南原宏治　〝映倫〟は嫌《きら》いだ！

「入院中、娘《むすめ》が離《はな》れた場所にいたこと」に対する苦情

C　ただ、最後、帰天《きてん》されるときに、私は宇都宮《うつのみや》で仕事をしていて、看取《みと》れなかったので……。

南原宏治　いやあ、もうほんとに、〝あの美談〟は忘れられんなあ。弟子の、人事局の人間は、ろくでもない人間ばっかりだからさあ。

C　いえいえ。そんなことはありません。

南原宏治　娘《むすめ》をろくでもねえとこに配置しよったけど、総裁先生におかれましては、「南原宏治氏、入院さる」ということを聞いて、「なんで娘を宇都宮に送ったんだ？」と言って……。

C　人事のほうから、「いつでも戻《もど》してあげるよ」と言われたんですが、私のほうでお断りして……。

南原宏治　「そんなとこにおったら、看病ができんでないか。何という非人間的な所業をするか」と、総裁先生からは珍《めず》しくお叱《しか》りがあったと聞いておる。さっすがだ。さっすが観自在《かんじざい》だ。そのとおりじゃ！（会場笑）あんな栃木《とちぎ》に送るとは、何事であるかあ、ほんとに。

C　最期《さいご》、お側《そば》にいられなかったのが、心残りではあるんですけれども……。

南原宏治　そうなんだ。総裁先生はいい人や。それが、よう分かったらしいのでなあ。

C　はい。本当に。

南原宏治　あとの弟子は何にも感じとらんのだ。もうほんとに。

C　いえいえ。ほんとに周りの方の……。

●観自在　天眼《てんげん》、天耳《てんに》、他心《たしん》、宿命《しゅくみょう》、神足《じんそく》、漏尽《ろじん》の「六大神通力《ろくだいじんつうりき》」を身につけた梵天《ぼんてん》の境地。またはその能力。遠くで起きていることや他の人の心などが手に取るように分かる。『太陽の法』（幸福の科学出版刊）参照。

南原宏治　「働かさないかん」と思ってる。みんなねえ。

死後に起きた「ポルターガイスト現象」について訊《き》く

C　それで、パパが帰天されたあとに、私は……。

南原宏治　あんた、ほとんど一人でしゃべるつもりだろう？（会場笑）

C　いえいえ。そういうつもりではありません。

南原宏治　それはいかんよ。

C　いえ、それで、亡《な》くなったあと、なぜか火葬場《かそうば》がいっぱいで焼けなくて、一週間ぐらい家で預《あず》かっていました。私はすごく鈍感《どんかん》な人間なのですが、そのとき、ものすごい〝気配《けはい》〟がしまして……。

南原宏治　そ、そ、そういうの、やめてくれない？（笑）ちょっと困るんだよ。せっかく〝カリスマ〟で出てきたんだから。

C　あっ、そうですね（会場笑）。

南原宏治　「ミスター日本」の沽券《こけん》にかけて、〝カリスマ〟として登場してるんだけどさあ。

C　「やっぱり、死後もいるんだな」と、すごい感じたのです。

南原宏治　え？「いる」っていうのは、「存在する」という「居る」かい？　要不要の「要る」ではなくて、「存在する」という意味ね？

C　「お父さんが存在しているんだ」と思ったんです。それで、前の奥《おく》さんとか、周りの人とかが来られたときに、いろいろな……。

南原宏治　そ、そ、そ、そういうねえ、聖なる場所を穢《けが》すようなことは、あんまり言わないほうがいい（会場笑）。

C　そういうときに、パパの若かりしころの話をしていると、壁のものが全部外れて、バンバンバンバンと落ちて……（会場笑）。

A　それは、霊的に何かを妨害《ぼうがい》しているんですよね？　〝現象〟が……。

南原宏治　ポルターガイスト……。いやあ、もう、〝感動〟のあまり涙《なみだ》が出てきて、これはいかんな。化粧《けしょう》が落ちる……。

景山民夫《かげやまたみお》氏や丹波哲郎《たんばてつろう》氏の霊言《れいげん》が先に出たことが不満？

C　うちでは、そういう現象が起きたのですが、景山《かげやま》（民夫《たみお》）さんであれば、「守護霊《しゅごれい》様がお迎《むか》えに来られた」と聞いたんですけれども。

南原宏治　いや、今朝《けさ》ねえ、総裁先生が、景山民夫さんの写真入りの表紙の本を校正して、「まえがき」「あとがき」を書いてたんだ（『小説家・景山民夫が見たアナザーワールド』〔幸福の科学出版刊〕参照）。「順番が違うんじゃないですか」って、今日、申し上げてねえ。「私のほうが、会員になったのは先なんですけど、なんか間違ってませんか」っていう……。

景山民夫（1947-1998）
幸福の科学の本部講師としても活躍していた景山民夫氏。2013年8月11日に霊言を収録し、同月下旬に書籍が発刊された。（左：『小説家・景山民夫が見たアナザーワールド』〔幸福の科学出版刊〕）

私はすごく謙虚《けんきょ》で遠慮《えんりょ》深い人間だからね。「霊言集《れいげんしゅう》を出せ」って、あんまり強く言わなかった。あの人は、ずーっと言い続けてたからねえ。それでお先にやられてしまったんで、「それはねえだろう」と。

それから、私のライバルの丹波《たんば》のおっさん（丹波哲郎《てつろう》氏）なんかはなあ。あんな者《もん》を出しよってさあ。あんなのは、会（幸福の科学）の悪口ばっかり言っとったんじゃないの？（『丹波哲郎 大霊界からのメッセージ』〔幸福の科学出版刊〕参照）

あれは、カット、カット、カット、カット、カット、カット、カット、カットで、挿絵《さしえ》をいっぱい入れとかないかんのや。ああいうことがねえ、君らの信仰心《しんこうしん》がまだ十分でない証拠《しょうこ》なんだよ。

丹波哲郎（1922-2006）
俳優として五百本近くの映画や、多数のテレビドラマ、舞台等に出演。そのかたわら、「来世研究会」を立ち上げ、自らを「霊界の宣伝マン」と称して霊界の存在を訴え続けた。（左：『丹波哲郎 大霊界からのメッセージ』〔幸福の科学出版刊〕）

死後、しばらくの間は〝挨拶回り《あいさつまわり》〟をしていた

C　いや、今日は、せっかくの機会ですので。

南原宏治　ああ、そうか。話がずれる。

C　やはり、死後、しばらくの間は、地上に留《とど》まっていらっしゃったと思うんですけれども。

南原宏治　そんなことない！　（上を指して）まっすぐにこう……（会場笑）。天上界《てんじょうかい》にはまっすぐに。

C　（笑）いや、全然違うと思うんですよ。すぐには上がってないですよね？　絶対に。

南原宏治　（笑）（舌を出す）

Ａ　だって、一週間、焼かれずにいたわけですから。

Ｃ　大川総裁にもご迷惑《めいわく》を……。

南原宏治　そうは言ってもなあ、〝挨拶《あいさつ》回り〟っていうのがあるからさあ。

Ｃ　「肉体から出て、何をされていたのか」とか、「いつ天上界に上がったのか」とか……。

南原宏治　もう、俺は人脈が広いからさあ。「世界の南原宏治」だからね。だから、日本だけじゃ済まないんだよ。全世界のファンのみなさまがた、それから女性のみなさまがたに、最後、挨拶を一言《ひとこと》して回らなきゃいけないから、忙《いそが》しくってねえ。ほんとねえ。

C　そうですよね。

南原宏治　つい、家族のことは後回《あとまわ》しになったんだけども……。アッハハ。いや、気まずいねえ。別に、〝暗いとこ〟で話しようか。

A　（笑）（会場笑）

南原宏治　え？　まずいんじゃない？

2 破天荒《はてんこう》な人生を振《ふ》り返る

霊言《れいげん》を出した景山民夫《かげやまたみお》氏に「ライバル心」を感じる

Ａ　先日（二〇一三年八月十一日）、景山民夫《かげやまたみお》さんが、「小説家・景山民夫が見たアナザーワールド」というタイトルで、霊言《れいげん》をされました。

南原宏治　うん！　あれには、ちょっとライバル心を感じたなあ。

Ａ　本の表紙のデザインでは、景山さんの背中にイラストで（天使の）羽を付けております。

南原宏治　羽が付いてるなあ。まあ、ちゃちな羽だった。あんな羽では空は飛べない。

A　ちゃちな羽？　そうですか。

南原宏治　俺《おれ》の羽は、もっとねえ、黒々と大きく……。

A　黒々と大きく？

南原宏治　あっ、いや、そうじゃないか（笑）。白々《しろじろ》と大きく……、やってもらわないといかん。

A　（笑）それで、景山さんの場合、死後、●魂《たましい》のきょうだいがお二人、お迎《むか》えに来られたそうです。

●魂のきょうだい　人間の魂は、原則として「本体が１人、分身が５人」の６人グループによって構成されている。これを「魂のきょうだい」といい、６人が交代で、一定の期間をおいて違う時代に地上に生まれてくる。

南原宏治　ほう。ほう。

Ａ　一遍《いっぺん》さん（鎌倉《かまくら》時代の僧侶《そうりょ》。時宗《じしゅう》の開祖）という方と、イエスの十二弟子《でし》のヤコブが……（前掲《ぜんけい》『小説家・景山民夫が見たアナザーワールド』参照）。

南原宏治　ああ、（景山さんは）フィクション作家だからねえ。

Ａ　（苦笑）いや、霊言の信憑《しんぴょう》性を〝折る〟ようなことをしないでください。

南原宏治　まあ、何とでも書くんだろうなあ。俺はフィクションは書かないからね。

Ａ　いやいや（笑）。

南原宏治　もう、演じるだけであって……。

「三途《さんず》の川を渡《わた》るときは、ひとっ飛びだった」?

A　ご帰天《きてん》されたときは、やはり守護霊《しゅごれい》のみなさまがお迎えに来られたのでしょうか。

南原宏治　それは、もう、黒々とした羽をした……。

A　黒々としたって……(笑)。

南原宏治　くちばしの大きいやつらがいっぱい……。

A　くちばしの大きい?　はあ。それは道案内役ですか。

南原宏治　まあ、「来た」と言ったら嘘《うそ》になるから言わない。そう。それは嘘です!

C　三途《さんず》の川を渡《わた》ったり、ワームホールのようなものにビーッと入ったりとか、そういうわけではないのですか。

南原宏治　三途の川っていうのは……。父親に対してね、君、何ちゅうことを言うんだ。

C　あっ、はい（笑）。

南原宏治　幸福の科学では、「三途の川を渡る」って言ったら、もう執着《しゅうちゃく》をいっぱい落としていくイメージがあって、みんな、すぐパッと考える。「うん？」と考えるだろう？　そーんなの、上をサーッ

映画「永遠の法」（2006年公開／製作総指揮・大川隆法／幸福の科学出版）から、亡くなった人が、この世とあの世の境界線である三途の川を渡るシーン。この世で執着の多い人生を送った人ほど水のなかに深く沈み、渡るのに苦労すると言われている。

とひとっ飛びですよ。

C　ひとっ飛び？

南原宏治　あんなの、ひとっ飛びですよ。

一般人《いっぱんじん》と同じではないらしい南原宏治氏の「死後の様子」

A　貫頭衣《かんとうい》のような白い服を着ているのでしょうか。

南原宏治　そんなの、君ねえ……。時代がかったことでねえ。それは、君ねえ、室町《むろまち》時代から平安時代ぐらいの時代考証に堪《た》えるような衣装《いしょう》で、昔の人が書いたものをそのまま写すから、そういうことになるね。現代では、そんなことありえるわけないでしょう？

Ａ　どんな感じですか。やはりサングラスをかけているのですか。

南原宏治　いやあ、それはねえ、だいたい病室で死んでるから、みんな病室か、霊安《れいあん》室《しつ》に移されたときの格好で普通《ふつう》は歩いてるよ。まあ、（貫頭衣と）似てるけどね（笑）（会場笑）。

Ａ　（笑）それで、「瑠璃玻《るりは》の間《ま》（生前の行いを映《うつ》し出す鏡のある部屋）」と言ったら、古い言い方ですけれども……。

南原宏治　君、古いわあ！（会場笑）

Ａ　（笑）すみません。

南原宏治　まあね、私は、〝縄文時代人《じょうもん》〟には話ができないのよ。もっと近代的な人が……。

A　やはり、あの世の〝シアター〟で、生前の人生が上映されるのでしょうか。

南原宏治　あのねえ、そういうねえ、一般人《いっぱんじん》と一緒《いっしょ》にしてくれるの、やめてくれない？

A　では、〝VIP《ビップ》〟扱《あつか》いなのですか。

南原宏治　あのねえ、私は幸福の科学の本部講師なのよ。（机の上の資料に）そう書いてあるんだよね。

A　書いてあります。

南原宏治　伝道部長、本部講師。そして俳優業も続けた。スターを続けた。若いころは、東大に入った！　「出た」とは言わん。入った！　入った！

Ａ　東大農学部に入られました。

南原宏治　入った！　文句《もんく》あるか。

Ａ　ないです。

南原宏治　ないだろう。入った！　入ったところで、頭は〝測定〟が終わってるんだよ。な？　「出るかどうか」は関係ない。それは、「なかが真面目《まじめ》だったかどうか」だけども、忙《いそが》しい人は忙しい。

（Ａを指して）「ミスター日本」！

Ａ　ミスター日本コンテスト？

南原宏治　（君は）なれるか。

Ａ　なれません。

南原宏治　なれんだろうがあ。

あの世ではゼロ戦よりも速く空を飛べる？

南原宏治　だから、〝勲章《くんしょう》〟がもうブラブラ下がってるから、この勲章をちょっと三途の川に捨てないかんところはあるけども。勲章がいっぱいあったからさ。それを上空からポイッと投げながら、飛ばないかんところはあったかもしらんけれども。

……何が言いたかったんだ？

Ａ　あの世の情景ですね。

南原宏治　ああ、あの世の情景な。

Ａ　あの世へ行ったとき、どんな感じだったんですか。

南原宏治　わしの場合は、もう悟《さと》りが進んでおったからして、それはもう、どのようなゼロ戦よりも速く急上昇《じょうしょう》できる感じだったかなあ。うーん。降りることも、急降下も。

Ａ　「空を飛んだ」ということですね？　グーンとゼロ戦より速く？

南原宏治　まあ、やがてはな。

A　やがては？

南原宏治　ハハハハハハ。アハハッ。

A　どこまでが本当で、どこまでが……。虚々実々《きょきょじつじつ》の……（笑）。

南原宏治　まあ、俳優は、あらゆる演技ができなきゃいかんから、「空を飛べ」と言えば、飛ぶ。それはねえ、歌舞伎《かぶき》の役者だけじゃないんだよ、針金で吊《つ》って飛ぶのは。まあ、何でもやる。

空を翔《かけ》るのは、昔から憧《あこが》れだったからなあ。空を翔る。うーん。

「ミラクル伝道部長」という役職に込《こ》められた思い

Ａ　先ほど、「大川隆法総裁から、『伝道部長』というお役を頂いた」とおっしゃられたではありませんか。

南原宏治　うん。

Ａ　娘《むすめ》さんのＣさんから聞きましたら、「正確には『ミラクル伝道部長』という名称《めいしょう》で、『ミラクル』が付いていた」ということですが、当会の歴史でも、そういう役職を頂いたのは、南原さんしかいません。

「ミラクルといえば、やっぱり、南原さんなんだなあ」と思いますけれども、奇跡《きせき》とか、ミラクルとかにご関心は強いのでしょうか。

南原宏治　「ミラクル伝道部長」って付けてたかなあ。

A　ほかにも、「ミラクル財務部長」というのもあったようです。とにかく、ミラクルを期待されていたのではないですか。

C　「総裁に付けていただいた」ということで……。

南原宏治　「本物でない」という意味かなあ。アハッ。

A　（苦笑）あくまでも、〝いい意味〟で言ったんですけれども。

南原宏治　まあ、「奇跡を起こしてほしい」という意味がこもっておったのかも……。いやあねえ、その前の●西荻《にしおぎ》のころに、「南原劇団」を幸福の科学版でつくろうとしてさあ。まあ、時の局長が「いいですよ」みたいなことを言うてくれたから、募集《ぼしゅう》を

●西荻のころ……　幸福の科学が立宗した1980年代当時は、東京・西荻窪《にしおぎくぼ》に本拠地を構えていた。

かけちゃって、始めようとしたんだけど、あとになってから、「いや、まだ宗教ができてないので、早すぎる」というようなことでストップがかかってさあ。それで伝道部長として働かされるようになったのと違《ちが》うかなあ。

「本当は『スター養成部』をやりたかった」

南原宏治　今は、なんかやってるよね？「スター養成部」からさあ、スターをつくって……。あれをやりたかったんだが。遅《おそ》かったのか、早かったのか、知らないけど、時間が十年、二十年ずれてなあ。あれを今、俺が若くてやれたらよかったなあ。あれをやりたかったんだ、ほんとはなあ。

だけど、その構想が水面下に潜《もぐ》って伏流水《ふくりゅうすい》のようになった。総裁先生は義理堅《がた》い方であられるから、それを忘れることなく、時

●スター養成部　幸福の科学ではスター養成スクールの運営を行っており、その在校生や卒業生がテレビや映画、舞台等に出演している。2011年には、芸能プロダクションであるニュースター・プロダクション(株)を設立。2016年3月には、プロダクション初の製作作品となる、映画「天使に“アイム・ファイン”」が公開される。また、2016年4月に開講されるHSU(ハッピー・サイエンス・ユニバーシティ)「未来創造学部 芸能・クリエーター部門専攻コース」においても、俳優養成のための演技科目が予定されている。

期が来たら、やってくれるようになったっていうことだね。（会場を見渡《みわた》して）みんな、あんまりいい顔をして見てないな（会場笑）。不信感の塊《かたまり》だよ。

A　いや、みんな驚《おどろ》いているんです。

南原宏治　彼らは僕《ぼく》が入信したときにねえ、だいたい、生まれてないんじゃないか。

A　はい。そういう方もたくさんいらっしゃいます。

南原宏治　あの世から、初転法輪《しょてんぼうりん》を拝《おが》んどったんと違うか。ほんとに。ええ？（合《がっ》掌《しょう》して拝礼《はいれい》するしぐさをする）「アアーッ」と、そんな感じじゃないかな。なんで驚く必要があるのよ。（Cに）君のパパは、こんなもんだよなあ？

Ｃ　そんな感じです（会場笑）。

南原宏治　いちばんかっこいい姿で出てきたのに。

Ｃ　いやあ、「ほんとに、そうだな」と。

南原宏治　なーによ、「呆《あき》れてる」なんてことは言わせないぞ！

Ａ　Ｃさんも、もう大きくなられました。まあ、当たり前のことですが（笑）（会場笑）。

南原宏治　そうなんですよ。

Ａ　二十年以上たちまして、今、局長として頑張《がんば》っておられ（収録当時）、大活躍《だいかつやく》をされていますよ。

南原宏治　なんで、そんな堅気《かたぎ》の仕事をするわけ？

C　堅気？

南原宏治　ハハ、そんなのは、まるで〝まともな人〟みたいじゃないか（会場笑）。

A　いや、とてもまともです。

ところで、南原さんは、一九八〇年代から、青年部に対して非常に愛を注《そそ》いでくださいまして、まことにありがとうございます。

1989年幸福の科学青年局新年会「青年の夢と抱負を語る」でスピーチをする南原氏。自身の体験を交えつつ、常に情熱溢れる気宇《きう》壮大《そうだい》な話で青年たちを鼓舞し続けた。

南原宏治　そうなんです。

A　聴聞者《ちょうもんしゃ》のなかにも、南原さんにお世話になった方がたくさんいまして、多くの人が列をなしてお礼を言いたいぐらいです。

南原宏治　八十代以上には、ものすごく熱烈《ねつれつ》なファンがいっぱいいるからねえ。

A　はい。それで、青年部の相談役としても、八〇年代より長らく活躍されまして、多くの青年に勇気を与《あた》えてくださいました。重ねて御礼《おんれい》を申し上げます。

「論文」の書き方から分かる常識破りな発想

南原宏治　（Aに）君の（論文の）答案は、あのころからよう分からん答案だったねえ、だいたい。

Ａ　私のことですか（苦笑）。

南原宏治　ええ。

Ａ　私のことは、どうでもいいんですけれども（会場笑）。

南原宏治　ああいう答案はいかんわな。人を一人も救えんわ。抽象《ちゅうしょう》的な言葉ばかり。

Ａ　じゃあ、私も言わせてもらいますけど、私は南原さんの本部講師登用論文を読ませてもらいましたが……。

南原宏治　何だ？　迫力《はくりょく》ばかりや。迫力。

Ａ　いやいや。そもそも、南原さんの論文には、カラフルなペンで〝レインボーな文字〟が書かれていましたよ（会場笑）。なぜ、あんな〝レインボーな文字〟で書いたのですか。総裁がすごく困っていましたよ。

南原宏治　あんたねえ、六十の人に対して失礼だよ。ええ？　まあ、ほかの人と差をつけんかったらいかんのだからさあ。

Ａ　それで、本部講師登用試験の「講師登用スピーチ発表」のとき、当日、スピーチに使うその論文を電車の棚《たな》に置き忘れたそうで、「俺、困っちゃってよ」などと言っていましたよ（会場笑）。

南原宏治　総裁先生が、もし色盲《しきもう》だった場合、困るだろうが。だから、カラーで書いといたほうがいいじゃないか。

A　また、別の論文では、「横書き」で書くべきところを「縦書き」で書いていましたよね？「百人中九十九人は横書きで書いているのに、南原さんだけは縦書きで書いていた」という話も聞いたことがあります（会場笑）。それで、総裁も困られていました（笑）。

南原宏治　君らねえ、編集の仕事が長すぎるから、頭がいかれとるんだ、完全に。日本人は、「縦で書く」のが本式なんだよ。

A　いや、でも、「横書きのフォーマット」になっているのに、なぜ、わざわざそれを〝破壊《はかい》〟して、横に引っ繰《く》り返して縦書きで書いたのですか。

南原宏治　「横」っていうのは、英語のまねですよ。英語のまね。縦が本式なんだ。

Ａ　いやいや、「なかなか、すごいな」と思いまして……。

南原宏治　だいたい「和」が基本なんですよ。宗教は、そうでなきゃいかんのですよ。

生前、情熱的な説法《せっぽう》をしたが、〝演技〟は少し度が過ぎた？

Ａ　「南原さんは、一九八七年、六十歳《さい》のときにご入会なされた」ということで、そのとき大川総裁は、南原さんの論文に、「『還暦《かんれき》』からの出発、まだ遅くない」というコメントを書かれたのをはっきりと覚えています。

南原宏治　うーん。

Ａ　大川総裁は、ご期待されていたのだと思いますけれども、「情熱」に関しては、当時、南原さんはナンバーワンだったと思います。

南原宏治　「中身がない」という意味？

Ａ　いいえ、そんな（苦笑）。どうして、そうやって悪く受け取るのですか。

南原宏治　アッハハハハハハハハ。

Ａ　いやいや。「情熱」というところで……。

南原宏治　いやあ、それがだな、その情熱がどうもね……。もうミラクルが効《き》かんでなあ、ほんと悲しい。その情熱が空回《からまわ》って、どうもいかんかったですなあ。わしの〝演技〟はちょっと度が過ぎたのかのう。あちこちで、いろいろと〝空振《からぶ》り〟があってなあ。伝道部長としてはなあ。

Ａ　でも、南原さんが説法《せっぽう》されているときに、よく呼吸が荒《あら》くなってきて、だんだん……。

南原宏治　（両手を上げ、上を向いて）「あっ、龍《りょう》馬《ま》が乗り移ってきた！」「あっ、龍馬が降りてきた！」「龍馬が今、語れと、わしに言ってる！」とか。

Ｃ　生前、龍馬さんや（吉田《よしだ》）松陰《しょういん》先生を思う気持ちがすごくあったと思うのですが。

南原宏治　日本一、龍馬を演じた男で有名だったし、それが誇《ほこ》りだったからなあ。

尊敬していた「坂本龍馬《さかもとりょうま》」とは、あの世で会えたのか

Ｃ　ところで、あの世で龍《りょう》馬《ま》さんにはお会いになったのでしょうか。

南原宏治　まあ、「龍馬さん」っていったら、わしから見たら弟子みたいなもんだからなあ。

Ａ　何を言うんですか（苦笑）（会場笑）。ここは非常に重要なところなので……。

南原宏治　ええ？　違うかったか。違うかったかな。

Ａ　ご本人（坂本《さかもと》龍馬の生まれ変わり）がいらっしゃるので。

南原宏治　ああ、そうか、そうか。

まあ、『坂本龍馬の霊言』（現在は『大川隆法霊言全集　第11巻』〔宗教法人幸福の科学刊〕に所収）を読んで入会を考えたのがきっかけだ。

土佐《とさ》弁よりも、ちょっと阿波《あわ》弁に似たような、大阪《おおさか》弁に似たような言葉であるので、一回目に読んだときは、若干《じゃっかん》、言葉遣《づか》いについて、「うん?」とクエスチョンが付いたが、二回目に読んでみて、「本質的には、これは龍馬の言葉であろう」ということでね。

まあ、「わしが入った」っていうことにより、「『坂本龍馬の霊言』が本物《ほんもん》だ」ということになり、幸福の科学の信用ができて、宗教団体ができたんだ! ミラクルだ!

C　ミラクルです。

南原宏治　だから、それで、何だ? 龍馬がどうしたんだ? 龍馬がどうした?

A　お会いになってないのですか。

C　お父さんは、龍馬さんを愛するというか、尊敬する気持ちを、子供のときからずっと持っていたので……。

南原宏治　まあ、それはそうだ。

C　ですから、あの世に還《かえ》って、そのお姿を見たり、ご指導いただいたりしているのかなあと。

南原宏治　それはねえ、坂本龍馬は、こんなかっこええ男とは違うよ。「ばばっちい」と言ったらあれだが、一回、洗濯機《せんたくき》にかけてやりたいぐらいの、なりふり構わん人だなあ。

A　そうですかねえ（苦笑）。

南原宏治　ああ、「ばばっちい感じ」っていうか、埃《ほこり》だらけだ。「日本《にっぽん》を丸ごと、わしも一緒にお洗濯せなあかんなあ」っていうような人だなあ。だから、「まだ〝顔〟ができとらん」っていうような感じの、そんな人かな。

悪役を演じるなかでつかんだ「名優の条件」とは

C　龍馬さんの器《うつわ》の大きさとか、愛の思いとかに、尊敬と共鳴の気持ちを持っていたと思うのですが。

南原宏治　まあ、若いころは龍馬（の役）ができたんだが、年を取ってから、ちょっと、悪役が多くなってなあ。あれは、何かの間違いではないかと思うんだな。「一直線に天使に向かってる心を持ってる人が、悪役に起用されることが多くなった」っていうことは、食うために、おまえらを養うために、どれほど無理したかっていうことがよく分かるだろう？

C　本当にありがとうございます。

「名悪役」としても名をはせた南原宏治氏

1950年代からさまざまな映画やドラマに出演した南原氏。数々の主演作とともに、作品のキーとなる敵役なども幅広く演じ、強烈な印象を残す名悪役として観る者を魅了した。

映画「網走番外地」(1965年公開/東映)で、高倉健氏の演じる主人公(左)を脱獄に巻き込む受刑者役を、抜群の存在感で演じた南原氏(右)。

「網走番外地」1965年公開 (C) 東映

南原氏は映画「スター・ウォーズ」シリーズの劇場公開版(1978年日本公開のエピソード4と、1980年日本公開のエピソード5)で、ダース・ベイダーの吹き替えを担当した。人選についてジョージ・ルーカスは、「出演者の声質に最も近い人々を数多くの人達から選びました」とコメントしている。

▼映画「スター・ウォーズ」(1978年日本公開/20世紀フォックス)の劇場用パンフレットより。

★キャスト★

ルーク・スカイウォーカー	奥田　英二
ハン・ソロ	森本　レオ
レーア・オーガナ姫	森田　理恵
モフ・ターキン	北村　弘一
ベン・ケノービ	河原崎国太郎
C−3PO	高山　栄
ダース・ベイダー	南原　宏治
コマンダー①	千田　光男
〃　②	鈴木　慎
反乱軍将校	稲葉　実

南原宏治　龍馬で終わりたかった。三十三で死んどったら、龍馬のままだった。もう、惜《お》しかった。うーん、チッ（舌打ち）。

Ａ　テレビ番組では、「水戸黄門《みとこうもん》」とか、「キイハンター」とか、いろいろなドラマに出ておられましたね。

南原宏治　まあ、要所要所で、いちばん難しい役をやれる。君ねえ、意外に正義の味方なんて簡単なのよ。あんなの、誰《だれ》でもできるのよ。

Ａ　はい。

南原宏治　悪役で、斬《き》られ役とかねえ。憎々《にくにく》しげな笑い方をしたあと、斬られたりするけど、強くて、なかなかとどめを刺《さ》せないような悪役っていうのは、難しいんだ。

この役は難しいんだなあ。

だから、もともと（私は）正義の味方であるから、「そういう役を演じることによって、衆生《しゅじょう》を救おう」という、ありがたーい、親鸞聖人《しんらんしょうにん》のような心で演じておったわけなんだよな。

「われ、天使のなかの天使が、この世で悪を演ずることによって、悪の世界に生きる人たちを救済したい！」っていう思いでいっぱいだったわけね。

A　なるほど。

南原宏治　「こういう悪人になったらいかんぞ！」ということだ。

A　導きの天使のお心を持って？

南原宏治　（演技をしながら）「イッヒッヒッヒッヒッヒッ。この千両箱はわしのもんじゃあ。アハハハ、アハハハハ」なんていうことをやりながら、「ああ、あんな人間にはなりたくないなあ」と、日本中の人に思わせることによってだなあ、悪を押《お》しとどめると。こういうことをやっておったわけであってなあ。

Ａ　確かに、「大岡越前《おおおかえちぜん》」など、いろいろなところで出ておられましたね。やはり、「自分を捨てて、演技をする」というところに関心があったのですか。

南原宏治　まあ、霊体質だからね。そういう役を演ずる時代劇をやると、丸ごとスーッと乗り移ってくるんだな。

Ａ　霊が入ってしまうのですか。

南原宏治　本人そのものになっちゃうんだな。あれが「名優の条件」だな。それができないと、名優とは言えない。

南原宏治のスピリチュアル・メッセージ

“ガハハ魅力学”講座①

霊《れい》体《たい》質《しつ》だからね。
役を演ずると、
丸ごとスーッと乗り移ってくるんだな。
本人そのものになっちゃうんだ。
あれが「名優の条件」だな。

多くの人の心をつかんだ南原宏治氏のファンサービス

Ａ　当会のなかには、南原さんのファンの方もたくさんいらっしゃって、南原さんが地方に行って、いろいろとご挨拶《あいさつ》をされると、ブワッと列ができてずっと握手《あくしゅ》をされていましたし、青年の方はみんな泣いておられました。

南原宏治　「みんな」っていう言葉は、ちょっと定義に問題がある。

Ａ　そうですか。（胸に手を当てて）ここに何かまずいものでも入っていましたでしょうか。霊的な洞察《どうさつ》で何かを見られましたか。

南原宏治　いやあ、まあ、（「みんな」ではなく）「一部」ね。

Ａ　一部？　すごくディープなファンが本当にいらっしゃいまして……。（握手のしぐさをしながら）「君なあ、過去世《かこぜ》で、縁《えん》があったんだ」という感じで……。

南原宏治　「ああ、あのとき、斬り殺して悪かったなあ」とか……。

Ａ　いや（苦笑）。みなさん、そう言われることをすごく喜んでおられました。この会場のなかにも、大勢いると思います。

南原宏治　でも、じいさん、ばあさんだよ、ファン層は。若いのには、あんまりファンはおらんと思うしなあ。リバイバルのを観《み》る人は、あんまりいないだろうから、「肉眼で、わしを見た」っていうのは、君らは、もう最後の〝御利益《ごりやく》〟だ。な？

Ａ　なるほど。

あの世から、幸福の科学の「芸術部門」を指導している？

A　南原さんは、「感性」が非常に優れ《すぐ》ていると思うのですが。

南原宏治　いや、「知性」も優れとるんだ。

A　いやいや、感性です（笑）。

南原宏治　いや、もとは知性なんだ。

A　いやいや、感性です（笑）（会場笑）。

南原宏治　まあ、へへへへへ。

A　押し問答《もんどう》をしても〝あれ〟なので……（笑）。

南原宏治　感性は君じゃないか。何言ってるんだよ。

A　いやいや（苦笑）。では、「感性と知性と両方をお持ちで」ということで。今、当教団は、感性の部分としてスター養成部などをつくりまして……。

南原宏治　ああ。いや、今、わしが指導しとるんだ。だからねえ、おかしいだろ？こんなねえ、仏陀《ぶっだ》が芸術を説くのは、絶対おかしい！　絶対おかしい！

A　絶対おかしい？　そうなのですか。

南原宏治　必ず名脇役《わきやく》がいなきゃいけない。

Ａ　はい、はい。

南原宏治　「誰がやってたか」って？　隠《かく》れて芸術指導をしてたのは、私であるわけで。

Ａ　〝芸術監督《かんとく》〟でいらっしゃったのでしょうか。

南原宏治　（幸福の科学）学園のチアダンス部が世界大会に出られるのは、もちろん、わしのおかげをもって……。

Ａ　本当ですか！　霊指導をされているのですか。

幸福の科学学園チアダンス部の演技の様子。創部以来、数々の国内大会での優勝はもとより、世界大会優勝も果たしている。2016年1月、アメリカで開催された「ワールドスクールチアダンス選手権大会」（左）においても、中学チアダンス部が世界一となった。

南原宏治　何よ、君ぃ、信仰心《しんこうしん》を持ちなさい（会場笑）。

Ａ　いや、信じますけれども。

南原宏治　芸能部門は、もう絶対間違いない。わしが世界的指導をやっておるから、今は大丈夫《だいじょうぶ》だ。

Ａ　では、「帰天されてから、当会にご指導を頂いている」ということですね？

南原宏治　ええ。もう、それは任しとけ。ちょっと、面接にも参加したいぐらいだ。（Ｃがペンを落とす）ペンを落とすなよ。ほんとに、まあ。

Ａ　（笑）やっぱり、観察力がすごいですね。

C　（笑）今、「芸能系とか芸術系に関心がある」とお話しになったと思うんですけども、生前……。

南原宏治　うーん。俺のこの姿を見て、母ちゃんさあ、やっぱり（再婚《さいこん》を）後悔《こうかい》しねえかなあ。

C　いやあ、もう泣くと思います。

南原宏治　泣くねえ。離婚《りこん》だね、即《そく》。うわあ、もう。悪いなあ。

A　いや、だから、幸福を壊《こわ》さないでくださいよ（笑）。こちらはこちらで幸福なんですから。

南原宏治　「やっぱり、あんないい男だったんだあ」と思って。

A　これは本になるので、ちょっとやめてください（笑）。

C　そうですよね。

南原宏治　「父ちゃんは、日本一のいい男だったんだ」って……。もう、お墓《はか》がガタガタ揺《ゆ》れるわ、ほんと。

秋元康《あきもとやすし》氏が「世阿弥《ぜあみ》」なら、南原宏治氏は「観阿弥《かんあみ》」？

C　はい。それで、生前、世阿弥《ぜあみ》が好きで、『風姿花伝《ふうしかでん》』を枕元《まくらもと》に置いて読んでいた姿が印象的だったのですが、大川総裁のリーディングで、「秋元康《あきもとやすし》さんの過去世が、世阿弥」とのことです（『AKB48ヒットの秘密』

『AKB48ヒットの秘密
――マーケティングの
天才・秋元康に学ぶ――』
（幸福の科学出版刊）

〔幸福の科学出版刊〕参照）。

南原宏治　あの程度で世阿弥？　そんじゃ、わしは観阿弥《かんあみ》じゃな。

Ａ　本当ですか。

南原宏治　（世阿弥の）親父《おやじ》じゃな。

Ａ　私はすごく信じますけど。

南原宏治　ああ、信じてくれ。それは間違いないわ。芸能の神様だろう？　あれが世阿弥なら、俺は観阿弥だあ。間違いないわあ。間違いない。

Ａ　ＡＫＢの生みの親の秋元康さんは……。

南原宏治　ＡＫＢなんか目じゃないよ。幸福の科学のスター養成部に敵《かな》うもんか。いずれ逆転だ！　スター養成部がＡＫＢに勝ったら、政党（幸福実現党）は政権を取る。

Ａ　パラレル（平行・並列《へいれつ》）になっているのですね。

南原宏治　うん。パラレルじゃあ。同じぐらいの難しさだ。アッハハハ（会場笑）。

3 霊界《れいかい》の「ミラクル伝道部長」

「今、『霊界革命《れいかいかくめい》』をやろうとしている」

C　芸能以外にも、「革命」ということに関心があったのかなと思います。

南原宏治　うん、革命は好きだなあ。革命は好きだ。

C　若いころ、三島由紀夫《みしまゆきお》さんとかと一緒《いっしょ》に活動されていましたし、明治維新《いしん》の志士の方を尊敬されていました。

それから、映画「ノストラダムス戦慄《せんりつ》の啓示《けいじ》」（製作総指揮・大川隆法／一九九四年公開）のときには、日本神道《しんとう》の霊人《れいじん》の役でお手伝いさせていただいたと思うのですが、日本を思う気持ちというところは……。

南原宏治　そうなのよ。それが今、聞いてみれば、若い人たちのなかに、かつての維新の志士たちが続々と（転生《てんしょう》して）、雨後《うご》の筍《たけのこ》のごとくモシャモシャと生《は》えてきてるらしいじゃないの？

わしが幸福の科学に植えつけた革命精神が、呼んどるんだろうなあ、みんななあ。わしが入会したから、吉田松陰《よしだしょういん》も、「出てこないといかん」っていう感じになったんじゃ

映画「ノストラダムス戦慄の啓示」（1994年公開／製作総指揮・大川隆法／幸福の科学出版）

当時最新のCGを駆使し、「光と闇の戦い」をダイナミックに描き出した実写映画「ノストラダムス戦慄《せんりつ》の啓示」で、南原氏は天上界の高天原《たかまがはら》における日本神道の神々の議長役として、威厳のある演技を見せた。

ないかなあ。きっとそうだ。

C　そういう革命のところに、すごく思い入れがあったと思うので、今現在、霊界《れいかい》では、具体的にどういうことをされているのでしょうか。

南原宏治　そらねえ、今、〝霊界革命〟をやろうとしてるのよ。

C　霊界革命？

南原宏治　地上では、君たちが〝とろい伝道〟をやっとるからさあ、俺《おれ》は今、一生懸《いっしょうけん》命《めい》、霊界で伝道をやっとるわけであって。

C　霊界の人を伝道されているわけですか。

南原宏治のスピリチュアル・メッセージ

"ガハハ魅力学"講座②

革命は好きだなあ。革命は好きだ。
今、〝霊界革命〟をやろうとしてるのよ。

南原宏治　霊界には、「キリスト教霊界」ねえ、それから、古ーい「仏教霊界」から「神道《しんとう》霊界」、「イスラム教霊界」、その他、「黒魔術《くろまじゅつ》霊界」など、いっぱいあるからさあ。あちこち行って、その霊界を折伏《しゃくぶく》してだねえ。霊界伝道も今、盛《さか》んなんだ。

C　天国のなかで、乗り込《こ》んでいってやっている？

南原宏治　そうそう。あの世の霊界で折伏して、こちらに鞍替《くらが》えさせれば、そいつが指導をしてる人たちもみんな、コロコロコロコロコロと、こっちに来るだろうがあ？

一九八七年から「根本仏《こんぽんぶつ》が！」と言えるだけの勇気があった

C　それは、「エル・カンターレ信仰《しんこう》に」ということですか。

南原宏治　うーん。いや、〝南原信仰〟……。

●折伏　誤った見解に陥っている人に対し、厳しい一喝をもってする、仏教における教導方法。

C　えっ？（会場笑）

A　いやいや。

南原宏治　とりあえず、第一関門は〝南原信仰〟で、女性だったら「いい男やな」と言ったら、それで終わりなんだ。それで、「信仰した」っていうことになるから、「会員一名」ということになるわなあ。

C　今は幸福の科学に対して、どうこうとかではなく……。

南原宏治　何を言う。（エル・カンターレは）「根本仏《こんぽんぶつ》」じゃないか！　そんなの分かってるのよ。もう最初から分かってるのに。君らね、今ごろねえ、国際局か、何の局か知らんが、「神の神」みたいなことを言ってるようなふりをしてるけどさ、そんな

●エル・カンターレ　地球系霊団の最高大霊。地球神として地球の創世よりかかわり、人類を導いてきた存在。「エル・カンターレ」とは、「うるわしき光の国、地球」の意。『太陽の法』（幸福の科学出版刊）参照。

ことはない。

私は、もう八七年のころから「根本仏が!」って、研修会でちゃんと言っておったんだよ。あんなことをはっきりと口に出して言うだけの勇気があるやつはいなかったからねえ。

A　確かに、洞察力《どうさつりょく》はおありだったかと……。

南原宏治　そうだろうが!

A　当時、指導局がありましたが、指導局を超《こ》えていました。

南原宏治　だろう!

A　ええ(笑)。「それを言ってはいけない」と言われていたところを、常に突破《とっぱ》しておられました。

南原宏治　君らはねえ、教団にまだ三百人とか、五百人とかしかいなかったから、気が小さくてさあ。ほかの教団が大きく見えてるから、「そこまで言うと、言いすぎかなあ」っていうような弱気だったから。俺は最初から、俺が認めたもんだったら本物《ほんもん》だから、「根本仏！」って言うとったんだ。え？

「宇宙の法」についてはよく分からない

A　南原さんは、「金星」についてもよく言っておられました。

南原宏治　うーん。

A　「金星に行くんじゃあ」といつも言っていましたよ（笑）（会場笑）。いつも、南原さんの話をノートに取りながら、「どうかなあ」と思っていたのですが。

南原宏治　それは、あんまり関係なかったかなあ……。

Ａ　そのときは、「金星に行くのかあ」と思っていたのですが、でも、エル・ミオーレのことを言っていたのですね。

南原宏治　金星は、あんまり関係なかったかもしれないが。

Ａ　あ、関係なかったのですか（笑）。では、話を戻《もど》します。

南原宏治　いやあ、今は、宇宙の何とかの法がいっぱい説かれとるけど、そのへんのお勉強ができとらんから、よう分からんので。

俺は生きてたとき、その「宇宙の法」を勉強してないもんで、もう一丁《いっちょう》よう

●エル・ミオーレ　地球に人類が誕生する以前に存在したとされる、金星文明を創造した大霊。後に地球に招かれて地球最初の人格大霊となり、名前をエル・カンターレと変えた。『太陽の法』（幸福の科学出版刊）参照。

●宇宙の法　2010年以降、『「宇宙の法」入門』（幸福の科学出版刊）をはじめとして、「宇宙人の姿」や「宇宙での生活」、「宇宙から地球に飛来した人々の真実」等を明らかにした法話や書籍を数多く発表している。

分からんのだけど、結局、何を付け加えたらええのよ。本部講師だったからさあ。

生前の「UFO目撃《もくげき》体験」について訊《き》く

C　でも、生前は、「UFOの目撃《もくげき》体験」が、びっくりするぐらいの頻度《ひんど》でありましたよね？

南原宏治　ああ、そうなんだ。もう、アダムスキー●なんていうのは、わしの魂《たましい》のきょうだいと違《ちが》うかと思うぐらいだ。

A　本当ですか。本当に信じますよ（笑）（会場笑）。「宇宙人よ、カモン！」という感じでしたか（笑）。

B　研修会で夜、よくUFOを呼ばれたりしていましたよ。

●ジョージ・アダムスキー（1891-1965）　コンタクティー（宇宙人遭遇者）の元祖として知られるポーランド系アメリカ人。1952年、モハーヴェ砂漠で空飛ぶ円盤と宇宙人（金星人）に遭遇。その体験を書いた『空飛ぶ円盤実見記』が世界的ベストセラーとなる。

南原宏治　（苦笑）

Ａ　書籍《しょせき》化するに当たり、非常に〝危険なレベル〟に来ていますけれども（会場笑）、事実を申し上げております。

南原宏治　あのねえ、ちょっと具合が悪いあたり……。ちょっといいわ。

Ａ　でも、本当に来た場合もありますよね？

Ｂ　本当に来たんです。

南原宏治　いやあ、（幸福の科学が）「カルトだ」って言われると困るじゃないの、あなた。

A　（笑）いやいや、すみません。

南原宏治　もうちょっと、理性と知性を持ちなさいよ。

A　先ほど、「感性と知性の両方だ」と言われたではないですか。

南原宏治　いや、理性と知性が大事だ。理性と知性が、この教団の〝売り〟なんだからさ。

A　でも、宇宙について関心がある人も多いですし……。

南原宏治　一回、宇宙人の役で出てみたかったなあ。

「娘《むすめ》がプレアデスの姫《ひめ》なら、金星の大神《おおかみ》はわしだろう」

A　ところで、お嬢《じょう》さんのCさんは、宇宙人リーディングによると、プレアデスのお姫様《ひめさま》ということで……。

南原宏治　ああ、そうだろう、そうだろう。間違いない。もう、姫さんだろう？　間違いない。わしが生むんだったら、それ以外ないわ。

A　たいへん素晴《すば》らしい〝お姫様〟でいらっしゃいます。

南原宏治　うーん。そりゃそうだろ。だから、金星の大神《おおかみ》はわしじゃろう、きっと。

A　（笑）金星の狼《おおかみ》……。そうですか、本当に……。

●宇宙人リーディング　過去世で宇宙から飛来し、現在、地球人として転生している者の「魂の記憶」を遡《さかのぼ》り、宇宙時代の意識を呼び出して対話をすること。

南原宏治　そりゃ、そうだろう。姫を生むんだったら、俺は大王《だいおう》でないか。

A　そうですか（笑）。あっ、「おおかみ」って「大神」のことで、「ウルフ」のことではないんですね。

南原宏治　何言ってるんだね?

A　いや、「狼」とは変だなあと思って（笑）（会場笑）。ごめんなさい。すみません。

南原宏治　大王だ。

●プレアデス　おうし座にある散開星団。120個ほどの青白く輝く高温の恒星からなる。宇宙人リーディングによると、幾つかの惑星に、地球の白人に似たプレアデス星人が高度な文明を築いているという。

破天荒《はてんこう》になった理由は「できちゃった結婚《けっこん》」？

C　やっぱり、破天荒《はてんこう》なところとか、常識破りなところは、ずば抜《ぬ》けていたなと思います。

南原宏治　それは、君ねえ、「できちゃった結婚《けっこん》」を何回もしたら、それは破天荒にもなるよお。

C　ですよねえ。

南原宏治　うーん。

C　そうですよねえ（会場笑）。

南原宏治　「英雄《えいゆう》、色を好む」と言ってねえ。まあ、英雄であることが色を好むのか、色を好むから「英雄だ」と言っていいのか、そのへんのところが、もうひとつ、〝方程式〟として、私はよう分からんのだけども、結果的には、「英雄のまねはした」ということは事実ではあるな。

C　すごく型破りで、周りがハラハラするようなこともあったのですが、私から見ても、総裁先生への信仰心とか、忠誠心はすごかったですね。

南原宏治　そうなんだよ。正直でねえ、嘘《うそ》は一度もついたことがないんだ。もう、答案に、「母ちゃんを押《お》し倒《たお》したときに、娘《むすめ》ができてしもうて、しかたなく結婚した」とか、正直に書いたよ。

A　総裁先生は採点に困ったんじゃないですか（会場笑）。

南原宏治　先生は、「ああ、なんて正直な人なんだろう。これは本部講師に絶対向いている。こんな正直な告白というか、懺悔《ざんげ》は聞いたことがない」っていうような評価だったねえ。

C　そうですね。はい……（笑）。

南原宏治　ばれた。ごめんなあ。

「お金を貯《た》める方法を学び損《そこ》ねた気がする」

C　でも、そういう「自由さ」は、これからのカルチャーに、さらに必要になってくると思います。

南原宏治　あのねえ、君らは、「先生の街宣《がいせん》はかっこいい」なんて思ったらいけないよ。あれは、私が後ろで手取り足取り、演技指導をやっとるんだよ。

A　本当ですか。

南原宏治　（人差し指を立てて右手を上げる）「自由の大国を目指せ！」「龍馬《りょうま》のごとく、自由になれ！」って、私が後ろで一生懸命やっとるんだ。分からんかなあ。

C　けっこう自発的に自分でアイデアを出して、どんどん行動していくタイプだったと思うんですけど……。

南原宏治　そうそう。でも、お金だけは儲《もう》からんのよ。それだけが問題だ。

C　（笑）ハッピー・サイエンス（幸福の科学）は、これから、もっともっと自分たちで考えて活動していきたいなと思っています。

南原宏治　そうなんだ。ハッピー・サイエンスの〝がめつい〟ところだけは、どうもマスターできんでなあ。「どうやったら金が貯《た》まるか」、それだけをちょっと学び損《そこ》ねたような気がするんだよなあ。

C　でも、多くの人を引き寄せていく力がありました。

南原宏治　それはいいんだな。引き寄せて、それをお金に換《か》えるところが……。

C　お金はもういいです（笑）。

南原宏治　ちょっと、「法」として、まだ十分学び切れない。本部講師として足りなかったかなあ。金を使うほうが好きだったのは事実なんで。

「早く天上界《てんじょうかい》に還《かえ》ってこい」という〝アドバイス〟

A　南原さんは、特に「求心力《きゅうしんりょく》」がものすごく強かったです。

南原宏治　求心力だよ。あったんだよ。

A　「人の心をグイーッとわしづかみにし、多くの人の前で熱い説法《せっぽう》をする」という力も非常に溢《あふ》れていたのですが、その磁場《じば》のつくり方と申しますか、人を集めて鼓舞《こぶ》するポイントを、ぜひ、教えてください。

南原宏治　それはねえ、もう、君たちを早めに還俗《げんぞく》させて、新しい、いい人をいっぱい入れることがいいんじゃ。

A　（苦笑）それも一つの方法ですけれども。

南原宏治　〝廃嫡《はいちゃく》〟。

A　廃嫡？　ああ、なるほど。

南原宏治　だから、僕《ぼく》らと〝同期〟なんだからさあ、ほぼ。

A　（苦笑）同期だと思えません。

南原宏治　あの世に、もう還《かえ》ってなきゃいかんのだよ。

A　あの世に還る？　ちょっと待ってください。

南原宏治　ええ？　君らは、もう仕事が終わってるんだ。いつまでやってんの。もう早く還ってこいやあ。

A　（笑）「還ってこい」って、そんな、呼ばないでください。

南原宏治　ええ？　幸福の科学霊団《れいだん》をつくらないかんねえ。

「手の動き」にも、プロと素人《しろうと》の違《ちが》いがある？

A　それはさておき、南原さんは、磁場をつくるときに、いつも手を自由自在に動かして、天を指《さ》したりしていました。

南原宏治　それは、「ミスター日本」だからねえ。

Ａ　例えば、（右手の人差し指を立て、それを下に向けた状態で何度も上下させる）この動きですね。

南原宏治　おお！　その動きは、ちょっといやらしい。

Ａ　え？（笑）いやあ、よくされていたじゃないですか。「君たちぃ」とか言って、こうやって、こうやって、こうやって……。

南原宏治　ちょっと、その動きはいやらしい。いやらしい。君がやると、いやらしい。

Ａ　いやらしいって（苦笑）、やはり何かが「違《ちが》う」のでしょうか。

南原宏治　僕がやるとセクシー。君がやると、いやらしい。

Ａ　なるほど。その「微妙《びみょう》な違い」を出すには、どうしたらよいのでしょうか。

南原宏治　やっぱり、素人《しろうと》は駄目《だめ》ね。プロのまねをしても。

Ａ　玄人《くろうと》になるには、どうしたらよろしいでしょう?

南原宏治　経験を重視して、それを〝なまめかしく〟やらなきゃ、玄人にならない。

Ａ　なまめかしく?

南原宏治　うん。

Ａ　どのようにすれば、なまめかしくなるのでしょうか。

南原宏治　君がやると、いかにも素人が演技をしてるように見えてしょうがないなあ。

A　やはり、体の動きがポイントですか。

南原宏治　だからね、もう、ありとあらゆる体験を積むことが「プロの条件」なんだよ。

A　（苦笑）「ありとあらゆる体験を積んで、玄人になっていく」という……。

南原宏治　うん。
迫真力《はくしんりょく》をつけるには「リアリティー」が必要

A　もう一段突《つ》っ込んで、何かほかのポイントはありませんか。

南原宏治のスピリチュアル・メッセージ

“ガハハ魅力学”講座③

素人《しろうと》は駄目《だめ》ね。プロのまねをしても。

経験を重視して、

それを〝なまめかしく〟やらなきゃ、玄人《くろうと》にならない。

ありとあらゆる体験を積むことが

「プロの条件」なんだよ。

南原宏治　だから、君らさあ、画学生みたいなやつが（注。Aは東京芸大出身である）、「プレイボーイ」の写真を破って絵なんか描いてたんじゃ、駄目なわけよ。こんなのでは本物になれないわけ。

A　（苦笑）いや、ちょっと待ってください。

南原宏治　分かる？

A　ここはカットしてください（会場笑）。

南原宏治　こういう写真を見て安直にねえ、あんな何百円かの「プレイボーイ」を買って、この袋《ふくろ》とじを破って裸絵《はだかえ》を描いたりして、それを高く売りつけてやろうなんてねえ。「何十万か、百万かで売れんかなあ」って思うやつは、これはもう詐欺師《さぎし》だから、地獄《じごく》に堕《お》ちるんだ、こういうやつは。

だから、〝生本《なまほん》〟の体を見ながら描かないと駄目なんだよ。自分のほうが、「もう描いてられれん。こんなところにいられれん」っていうぐらいの迫真力《はくしんりょく》が……。

A 「リアリティー」が必要なんですね。

南原宏治 「リアリティー」だね。

A 「リアリティーが本物の道だ」ということですね。

南原宏治 「事実は事実。真実は真実」という。これは宗教の本道《ほんどう》なんだ!

A 「リアルな世界をつかんでいく」ということですね。

南原宏治　リアル！　リアルなんだよ。

A　なるほど。救済もリアルであると？

南原宏治　そうなんだよ。わしなんか、娘を風呂《ふろ》に入れるときは、リアルに観察したもんじゃあ。ほんとにもう。

A　（苦笑）これは本になるので、ちょっとやめてください。

南原宏治　「なるほど。これが女かあ」って。

霊界《れいかい》でも、世界の主要なところには当会の集会所が建っている

B　先ほど、「幸福の科学霊界《れいかい》をつくらなければいけない」というお話がありました

南原宏治のスピリチュアル・メッセージ

“ガハハ魅力学”講座④

「リアリティー」だね。
「事実は事実。真実は真実」という。
これは宗教の本道《ほんどう》なんだ！
リアル！　リアルなんだよ。

けれども。

南原宏治　そりゃそうだ。

B　以前、「あの世でも、当会の精舎《しょうじゃ》をつくっている」というように伺《うかが》ったことがあります（『霊界散歩』〔幸福の科学出版刊〕参照）。

南原宏治　それは昔の話じゃ。もう、できて、できて……。

B　もう、できているのですか。

南原宏治　うーん！　日本だけでなくて、世界の主要なところには、もう、いっぱい建っとるが。安く上げとるけどなあ。安普請《やすぶしん》ではあるけれども、とりあえず、支部ないしは拠点《きょてん》と名が付くぐらいの場所には、（霊界でも）幸福の科学の集会所を全部つくっている。

だから、君らねえ、「ミラクル伝道部長」はあの世でもやっとるんだ。あの世に金はないけども、三途《さんず》の川の〝底ざらい〟をして、それを持って帰ってお布施《ふせ》に換えて……。

A　三途の川に落ちているお金は、亡《な》くなった人が執着《しゅうちゃく》していたものではありませんか。執着を〝拾って〟どうするんですか（笑）（会場笑）。

南原宏治　バナナの葉っぱで屋根を葺《ふ》いて、柱だけ建てて、集会所をつくっとるのだ。

4 「南原スクール」での天使養成

善川三朗名誉顧問《よしかわさぶろうめいよこもん》から受けている「指導」とは

B　あの世でも、善川三朗名誉顧問《よしかわさぶろうめいよこもん》とか……。

南原宏治　ああ、それはねえ、畏《おそ》れ多いからコメントを控《ひか》えたいと思うが、何が訊《き》きたい？（会場笑）

B　ご指導を頂いているのかなと思いまして。

善川三朗（1921-2003）
幸福の科学初代名誉顧問。大川隆法の実父。法名《ほうみょう》は、過去世である善無畏三蔵《ぜんむいさんぞう》と日朗《にちろう》の名から取られている。初期の霊言収録に尽力し、幸福の科学立宗、教団の発展に多大な寄与をした。

南原宏治　それは、ご指導の内容にもよるなあ。「どういうご指導か」によるな。まあ、ご指導いただいてるものもあり、善川先生がご指導できない範囲《はんい》もある。

B　例えば、どういうところを、ご指導されているのでしょうか。

南原宏治　ご指導されているところはですねえ、「いかにして、清貧《せいひん》のなかで足ることを知って生きるか」というようなことはご指導されている。「清貧のなかにあって、『金がない』と言って回るのは、はしたないことである。そういうことは口には出さないで、清貧のままに、徳のある顔をして生きよ」と、まあ、こんなようなことはおっしゃっておられるね。「『金がない。金がない』と言って回るのは、さもしい。それは恥《は》ずかしいことである」と。まあ、そのようなことを、わしの本性《ほんしょう》を見抜《みぬ》いて言っておられるね。

それから、「女なんていうものは、迷いにしかすぎないんだ」ということをご指導なさってる。「しかし、先生、すべての〝妨《さまた》げ〟には『女』が付いておりまして、女《おんな》偏《へん》が付いてるものは、みんな悪いもんばっかりですよ」って言うておるんですけどね。善川先生は、「わしは、そんなものは、子供をつくったときに、もう卒業した」っておっしゃるんだよ。

「子供をつくったときに、卒業した」っていうことはだね……。大川隆法総裁が処女降誕されたはずはないわな。兄貴がいたんだから、それはありえないけれども。まあ、「ガブリエルがいらして、大川隆法総裁の降誕を告《つ》げられて、お生まれになったあとは、一切不犯《いっさいふぼん》である」と、嘘《うそ》かほんとかは知らんが、こうおっしゃって、わしに戒律《かいりつ》を課そうとなされる。

あの世だって、天女《てんにょ》はそこそこ美人だからなあ。そらあ、やっぱり、心に思ったことは、向こうもビビッと感じるじゃん。なあ?「いい男だなあ」と向こうが思うと、こっちも……。

あの世で悪魔《あくま》と戦うための「軍事訓練」をやっている

Ａ　ということは、あの世にはお坊《ぼう》さんのような方もいらっしゃるのですか。お坊さんが来て話すとか？　善川顧問はお坊さん的なことを話されるのでしたら……。

南原宏治　ああ、そういう面白《おもしろ》うない話が聞きたいわけ？（会場笑）

Ａ　（笑）いやいや、そうではなく……。

Ｂ　どういう方が近くにいらっしゃるのですか。

南原宏治　そりゃあねえ、だいたい、その人の格によるわなあ。だいたい、一つ下の世界へ行って教えるのが普通《ふつう》ではある。自分のいる階層より一つ下に行って教えるのが普通で、同じ世界の人同士は、勉強会風に集まって、情報交換《こうかん》をしたり、教え合ったり。まあ、「勉強会」はするわな。

それから、一つ下の世界へ行って、みんな、チューター（勉強会講師）みたいなのをやって、あと、ときどき、人にもよるけども、地獄界《じごくかい》へ（救済に）行く。

最初は、「救済術研修」みたいなのをやって、わしぐらい偉《えら》くなってきたら、もう実務研修ではなくて指導教官になって、新米の天使の卵たちに、「はい！　一列に並んで。私は、陸軍士官学校でも学んだ者である（注。正確には、軍政要員養成のための学校である「大東亜錬成院《だいとうあれんせいいん》」で学んだが、霊人《れいじん》の発言のままとしておく）。号令をかける！　一、二、三、四、五！　うん、よし！　はい、はい、はい！　前へ、進め！　はい！　悪魔《あくま》に向かって槍《やり》を構え！　はい！　突撃《とつげき》！　ダアアーッ」。

まあ、だいたいこういう感じで、軍事訓練をやっておる（会場笑）。

B　軍事訓練ですか（笑）。

Ａ　今、「陸軍士官学校を出た」とおっしゃっていましたが、どんな資料の経歴を見ても、その情報は出てきません。さすがご本人です。当たり前ですけど（笑）（会場笑）。

南原宏治　そらねえ、東大より難しいんだよ。「頭はソクラテス、体はヘラクレス」でなきゃ駄目《だめ》なのよ、士官学校は。君らみたいな軟弱《なんじゃく》な出《で》っ腹《ぱら》とかねえ、渦巻《うずま》きみたいな頭脳では、絶対に入れないんだ。

Ａ　昔、私が南原さんに、「私のおじさんが陸軍士官学校へ行ってたんです」と言ったら、「ああ、俺《おれ》も陸軍士官学校を出たんじゃあ」とか言っていましたので、今、それを聞いてびっくりしました。

南原宏治　もう、エリート・オブ・ザ・エリーツ（エリートのなかのエリート）なんだよ。東大なんて軟弱《なんじゃく》な学校で、士官学校で落ちこぼれたら、東大へ行ったらいいんだ。だいたい、ケガしたやつが行くんだ。「ケガしたり、病気したりして、どうも訓練に耐《た》えられん」というやつは、頭だけで仕事するしかねえから、しょうがねえから、東大に流れていって勉強するんだなあ。

俺は、別にねえ、頭はもう東大の医学部だろうが、法学部だろうが、どこにだって行けたんだけども、当時は、なんせ食糧《しょくりょう》の増産っていうのが非常に大事であったがゆえに、みんなのニーズに応《こた》えるために、いちおう農学部に入ったんだけど、全然、面白うないから、卒業を〝無期延期〟したけどねえ。まあ、そういうことはあるけども。

とにかく、「わしゃあ、日本の〝エベレスト〟にいた」っていうことだなあ。尊敬するだろ？

天上界《てんじょうかい》で「小悟館《しょうごかん》」を建てたという景山民夫《かげやまたみお》氏に対するコメント

A　先ほど、「天上界《てんじょうかい》に精舎《しょうじゃ》ができている」ということでしたが、景山民夫《かげやまたみお》さんの霊言《れいげん》で、「小悟館《しょうごかん》」という建物があることが明らかになっています（前掲《ぜんけい》『小説家・景山民夫が見たアナザーワールド』参照)。

南原宏治　生意気《なまいき》だなあ。

A　景山さんは、「小悟館を建てた」とおっしゃっていましたけれども。

南原宏治　「悟《さと》ってる」と言いたいんだろう? それは駄目だなあ。駄目だ。そういう悟りは〝取り上げ〟ないといかんですなあ。

A　「悟りを取り上げる」って、どうやって?(笑)よく分かりませんが。

南原宏治　「悟った」と思ったところから、地獄が始まるのだ。そっからストーンと雲間《くもま》から海に落ちるんだなあ。「悟ったと思った」「小悟」なんて、とんでもないですねえ。やっぱり、「悟った」と思ったら、悟ってない。「悟ってない」と思ったら、悟ってる。

だから、「自分は愛欲の海に溺《おぼ》れ、親鸞《しんらん》と化して煩悩《ぼんのう》から逃《のが》れられない。こんな悪人は、世の中にはいないだろう」と思うと高い世界に還《かえ》って、「俺は女なんかには、絶対、色目を使ったことがない。謹厳実直《きんげんじっちょく》」というような感じのやつが、地獄へ堕《お》ちるんだ。

まずは「色情地獄《しきじょうじごく》」「血の池地獄」での救済から始まる

A 「地獄界探訪《じごくかいたんぼう》」についてお訊きしたいと思います。地獄界に救済に行くときは、どんな地獄に行くのですか。

南原宏治 まず「色情《しきじょう》地獄」に行かないといかんわな。まずは「血の池地獄」での救済から始まる。

●色情地獄／血の池地獄　男女の道を誤り、欲望のままに生きた人、邪婬《じゃいん》の罪を犯した人が行く地獄。

南原宏治のスピリチュアル・メッセージ

“ガハハ魅力学”講座⑤

「悟《さと》った」と思ったところから、
地獄《じごく》が始まるのだ。
そこからストーンと雲間《くもま》から海に落ちるんだなあ。
「悟った」と思ったら、悟ってない。
「悟ってない」と思ったら、悟ってる。

Ａ 「血の池地獄」は、どんな感じなのですか。

南原宏治 「血の池地獄」っていうのは、それは大変なところですよ。プールで裸《はだか》の女性が踊《おど》り、それから龍馬《りょうま》のごとく褌《ふんどし》をほどいて走り回るようなやつが飛び出してくる。そういう魑魅魍魎《ちみもうりょう》の世界だな。

そういうところに、軍服を着た私みたいな整然《せいぜん》とした士官が出てきて、刀をパシッと抜いて、「おまえたち、前に並べ！ その出てるところをバシッと斬《き》ったる！」とか言うて、脅《おど》しをかけて、「嫌《いや》か？ 嫌なら、ここで正座せえ！ 反省を教えたる！」と。まあ、こういう感じでやるわけだなあ。

阿修羅界《あしゅらかい》で地獄霊《じごくれい》を諭《さと》すとき、「役者」であることが役に立つ

Ａ ほかの地獄《じごく》についてはどうですか。

●阿修羅界　闘争と破壊の世界であり、主として戦争が起きたときにできる地獄。ただし、戦争以外でも、闘争性の強い心を持って生きた人、怒りのもとに行動した人はこの地獄に行く。

南原宏治　ほかの地獄は、あんまり関心がないんだけど。

A　（笑）（会場笑）

南原宏治　まあ、「強み」としては、そういうところがあるわな。あと、確かに隣《となり》近所には「阿修羅界《あしゅらかい》」があって、いわゆる闘争《とうそう》や戦争をやってるなあ。まあ、時代はいろいろあるんだけど。源平《げんぺい》の時代をまだやっとるやつもおるし、それよりもっと前のもおるし、第一次大戦、第二次大戦、それから明治維新《いしん》。いろんな時代で時間が止まっていて、まだ、それをやってる。戊辰《ぼしん》戦争をやってるやつも、まだおるわけよ。まだ白虎隊《びゃっこたい》をやってるやつもいるわけ。

そういう、いろんな場所にねえ、時代を変えた「阿修羅界」みたいなものがあって、殺し合いをやったり、切腹《せっぷく》を何回もやったりしてるのもいるから、このへんは諭《さと》さないかんわな。

このへんは、やっぱり、坂本《さかもと》龍馬の格好をして行ったりすると、かっこいいな。ピ

●戊辰戦争（1868－1869）　明治初期に起きた、薩摩藩・長州藩などを中心とした新政府軍と旧幕府軍との内戦。

●白虎隊　1868年、戊辰戦争の際に会津藩が組織した少年隊。新政府軍との戦いに敗れ、飯盛山《いいもりやま》で隊士20人が自刃（うち1名は後に蘇生）した。

ャーンっていう感じで行かないと、それはあかんねえ。

だから、役者っていうのは役に立つよ。君たちねえ、「頭がもういかん」と思うたら、役者になるのがいちばんだ。役者になったら、あの世へ行ってねえ、神様の役でも天使の役でも、何でも演じられる。この職業はええよ。

うちの娘《むすめ》は、なんで役者にならんのだねえ。いやあ、それはもうねえ、ばあさまになってあの世へ還っても、あの世で女神《めがみ》のふりができる。それはいい。

「阿修羅界《あしゅらかい》の暴力団」をどのように反省させるのか

南原宏治　まあ、阿修羅界《あしゅらかい》には、暴力団もいるよ。
だから、こんな格好をしたら、もう「ゴッドファーザー」に出るしかないよなあ。ゴッドファーザーとの戦いだなあ。（ピストルを撃《う》つしぐさをする）ペーン、べべべべべべべ……。

Ａ　それは武器で戦うのですか。念力《ねんりき》ですか。

南原宏治　それはもう、アメリカへ行ったら、当然ですよ。アメリカはピストルですよ。パーン、バンバーン！

アメリカのハリウッド俳優とかをやって、（演技で）撃ちまくって、殺して、闘争と破壊《はかい》で頭が染まって、当然、地獄に堕ちてるやつはおるだろう。

これは、もう撃ち合いだなあ。「パーン！」と撃って、「おっ！　俺の二丁拳銃《にちょうけんじゅう》より早いやつがおったか。参りましたあ」って言ったら、そこから反省が始まるわけ。

Ａ　やはり強くないといけない？　勝たないといけない？

南原宏治　うん。強くないといけない。相手の強みを挫《くじ》いて、〝天狗《てんぐ》の鼻〟をピシッと折って、そして反省させる。そこから、諭しが始まるわけだなあ。

Ａ　なるほど、なるほど。

南原宏治　役柄《やくがら》は非常に大事だな。「それが使い分けられる」っていうことは……。

救済目標を立てる〝プロデューサー〟がいる？

Ａ　お一人で乗り込《こ》むのですか。軍隊を連れていくのですか。

南原宏治　ええ？　まあ、それは場合によるわ。

Ａ　映画の「007《ゼロゼロセブン》」のように、個人的に入っていくのですか。

南原宏治　それは〝劇団の主催者《しゅさいしゃ》〟が、どんな劇を好むかによって……。たいてい、〝プロデューサー〟がいるからさあ。〝プロデューサー〟が、「こういうので、こういう感じで行きたい。今回の救済目標は二十人！」とか目標を立てるわけよ。

例えば、阿修羅界なら阿修羅界で、白虎隊で迷ってるやつがだいぶいると。全部は救えんかもしらんけど、まあ、「目標二十」とかいうふうに立てて総勢何人かで、まあ、十人なら十人ぐらいで行ってだねえ、大人として彼らを諭すと。

まずは剣《けん》の使い方や銃の使い方をお見せしてだねえ、「君らの先輩《せんぱい》なんだ」ということを言う。「なるほど。大人だな」ということで、向こうに、「お師匠《ししょう》様、教えてください」「入門したい！」っていう感じが出たときからが、説教の始まりなんだよ。

Ａ　なるほど。

南原宏治　あとは、幸福の科学の教えが〝仕入れ材料〟にはなるが、それまでは、やっぱり、「役者修業」のところが効いとるわな。

あの世の人はねえ、なかなか信じないの。特に地獄界のやつは信じんからさあ。やっぱり、自分の同類とは比較《ひかく》できるんだな。似たようなものとは比較できるけど、ちょっと世界が違《ちが》うやつや、非現実なものは信じないわけよ。だから、白虎隊がいるところに西洋のエンゼルが飛んできて、「ガブリエルです」「ラファエルです」「ミカエルです」と言ったって、こんなもん、ゲラゲラ笑って、全然信じてくれんのじゃないか。「大きいカラスが来た」「あら？　大きいカラス天狗が飛んできた」みたいな感じで信じてくれないから、もう説得不能なのよ。

やっぱり、彼らから見て、ちょっと畏怖《いふ》感を感じて「尊敬するような感じ」が必要だなあ。

さまざまな地獄《じごく》から救済するための方法を教えている

B　南原さんは、新しく帰天《きてん》された方に対しての指導教官的な役割もしていらっしゃると思うのですが。

南原宏治　うん、それもやってる。それもやってる。それもやってる。ああ、だから、

「あの世の劇団南原」をやってるよ。ああ、劇団じゃないや。劇団は間違いだ。劇団ではなくて、何と言うべきなの？　「南原スクール」？

A　それは「救済スクール」か何かですか。

南原宏治　まあ、やっておる。そういう、まあ、〝スキューバダイビング〟じゃな。地獄界《じごくかい》に行くっていうのは、一種の〝スキューバダイビング〟よ。

B　なるほど。

南原宏治　新宿辺《へん》にだってあるだろうが。海に潜《もぐ》る練習みたいな……。おっきい水槽《すいそう》をつくってさあ、何メートルも潜って、（シュノーケルを着けたしぐさをする）ブクブクブクッと。実際の海で潜る前に、建物のなかでやっとるのがあるけども、あんなのと一緒《いっしょ》だ。まあ、スキューバみたいなものなんで、そういう地獄界の訓練をちょっとやらないといけない。ロールプレイをやってね。

ときどき、悪霊役《あくれい》とか、天使役とかに分かれて、「こういうふうなやり方でやったが、今のじゃ説得できん」とか、いろいろやってる。

それから、危険なことについて注意事項《じこう》を述べないといかんわなあ。「火炎《かえん》地獄で焼け死なない方法」とか、「寒冷地獄で、つららがガチガチになって動けなくならない方法」とか。やっぱり、それなりのリミット、「限度はこのくらいまで」っていうあたりの加減を教えてやらんと、天使でも上がってこれず、救済を待たないといかんようなこともあるわけで。そういうことがあるんで。

例えば、「多勢に無勢《ぶぜい》」っていうことがあるからさあ。なんか、下手なやつがノコーッと、「火炎地獄に行って救済したろ」と思うて、一人で救いに行こうと思ったら、周りをバーッと囲まれてしまってさあ。火だらけの男たちに囲まれてしまって、輪になってもう出られなくなって、「うわあっ！　どうしよう。このまま迫《せま》ってくる！」みたいな感じの？

向こうは、恐怖心《きょうふしん》を味わわせるのが目的だからねえ。

A　恐怖？

南原宏治　そうそう。恐怖を植えつけることができたら、天使だってね、もう天上界に上がれなくなるんだよ。恐怖して、凍《こお》りついたら。

「地獄《じごく》で捕《つか》まってしまった天使」を助ける方法とは

A　地獄《じごく》に助けに行って、自分がやられてしまうこともあるのですか。

南原宏治　天使でもね、天上界の心を失って、動揺《どうよう》、恐怖、驚愕《きょうがく》、それから極度な怒《いか》り、焦《あせ》り、失望、失敗したときの落胆《らくたん》とかがあれば、そういうものを目に見えないところで小悪魔やいろんな魔王たちが狙《ねら》っててねえ、後ろから背中に弓矢を射られて、ピシッ、ピシッ、ピシッて。それが刺《さ》さって傷ついてくると、上がってこられなくなって捕《つか》まることもあるんだな。

A　天使が捕まってしまうのですか。

南原宏治　うん。天使の卵が多いが、天使でも、まだ熟練していない天使は捕まることがある。そういうときには、わしみたいなやつが、いちおう「悪役」のふりをしてだなあ……。

A　悪役ですか。

南原宏治　ああ。悪役のふりをしないと無理ですよ、地獄界に行くんだったら。あんまりいい格好をしたら、見つかるじゃないですか。

悪役の感じで、「当然、地獄に堕ちたんだろうなあ。地獄へ堕ちた悪魔の幹部候補生だなあ」と思われるような、(背中に背負った刀を抜き、構えた刀を揺《ゆ》らすしぐさをする）「ああ、（舌打ち）今日は何人斬ったろうかあ」みたいな感じで行くと、向こうは、「うおおお！」と震《ふる》え上がるだろう？

Ａ　悪魔たちも怖《こわ》い？

南原宏治　そうそうそうそう。向こうにはねえ、暴力に対しては暴力がいちばん有効だから。暴力団でも、自分たちより強い機動隊なんかに来られたら、さすがに暴力団の組長だって……。普通の警察だったら、賄賂《わいろ》で買収できるところもあるけど、兵庫《ひょうご》県警だって買収できんことはないけども、暴力団の組長だって、機動隊で家を囲まれたら、さすがに降参《こうさん》するわなあ。さらに装甲車《そうこうしゃ》なんか出てきたら、もう、たまったもんでないからさあ。やっぱり、そこまで行ったらたまらないけど。

だから、「明らかに強そうな格好《かっこう》をする」っていうのは、意外に大事なんですよ。

君たちねえ、講師になりたい方は、いったんスター養成部に行って、演技指導を受けてきなさいよ。そりゃあ、やっぱりやらんとあかんですよ。賢《かしこ》くなくても賢いふりができ、強くなくても強いふりができ、二枚目でなくても二枚目に見える。そういう動作、しぐさで、そういうふうに見えてくるんです。

それから、説法《せっぽう》の内容は中身がなくても、しゃべり方でうまく見える！「この人は説法がうまいなあ」と思う。政治家なんかには、そういうのがいっぱいですよ。実際、テープを起こしたら、中身はもう支離滅裂《しりめつれつ》。ただ、パッと聞いたら、「お！うまいなあ」と、だいたい三十秒以内で思わせるようなコツは、みんな持ってるわなあ。

5 「好かれる人」となれ！

「政治活動は、この世の革命だ！」

Ｂ　今、幸福の科学は、政治活動にも進出しております。

南原宏治　うーん。

Ｂ　幸福実現党を立ち上げて、全国で頑張《がんば》っているのですが、そういう政治活動に対してのアドバイスを頂けますでしょうか。

南原宏治　それはやらないかん！　革命だろうがあ！

Ｂ　はい。

南原宏治　それは、この世の革命だ。やらないといかん。釈量子《しゃくりょうこ》（幸福実現党党首）、うーん、いい男だ。

Ｂ　（笑）（会場笑）

南原宏治　本当に……。え？

Ｃ　女性党首であられまして……。

南原宏治　あれは、女役をしてるんじゃないの？　ええ？　女形《おんながた》じゃないのか。え？

『釈量子の守護霊霊言』
（幸福実現党刊）

C　私にとって、とても印象的だったのが、生前に『黄金の法』（幸福の科学出版刊）を読んで、「●高御産巣日神《たかみむすひのかみ》が素晴《すば》らしいなあ」とすごく言っていたことです（笑）。「なんで、そんなピンポイントなんだろうか。何か、すごいな。変わっているな」と思ったんです（注。以前の霊査《れいさ》により、幸福実現党党首・釈量子は、古代日本に高御産巣日神として生まれていたことが判明している。『卑弥呼《ひみこ》の真実／持統《じとう》天皇の霊言《れいげん》』〔宗教法人幸福の科学刊〕、『釈量子の守護霊《しゅごれい》霊言』〔幸福実現党刊〕参照）。

南原宏治　あのねえ、身内で〝刺《さ》し合う〟のはやめようよ。

C　ああ、そうですよね。その大好きだった方が、今、ちょうど、釈党首として幸福実現党をされています。

『黄金の法』
（幸福の科学出版刊）

●高御産巣日神（紀元前９世紀頃？）　日本神話における「造化三神《ぞうかのさんじん》」の一柱。『黄金の法』によれば、大和朝廷の前身である南九州・高千穂国の二代目国王とされる。

選挙で票を得るには「三十秒で人の心をつかむ魅力《みりょく》」が必要

C　何か、当会の政治活動へのアドバイスとかは？

南原宏治　やっぱりなあ、候補者がいかんのだと思うわ。魅力《みりょく》がないねえ。全然、入れる気が起きんなあ。ええ？

A　（苦笑）いやいや。みなさん、それぞれ努力されています。

南原宏治　やっぱりねえ、「入れる気が起きる」って……。あ、言葉がちょっと悪いな。これだと、何か勘違《かんちが》いされる恐《おそ》れがある。伏《ふ》せ字は困るんだけど、「入れる」っていうのは、「投票」ということを……。

A 「投票」ということですね？

南原宏治 あ、いや、間違うなよ。男の根っこを「入れる」んじゃないんだよ。「票を入れる」っていう意味……。

A （笑）また、そんな、そんなことは思ってもみませんでした。

南原宏治 入れたくなるには魅力が必要なんだよ。ああ、やっぱり一緒《いっしょ》か。やっぱり一緒になるなあ。

C 具体的には、どういう魅力ですか。

南原宏治 やっぱりねえ、三十秒以内に心をつかまんかったら、いかんのだ。

Ａ　三十秒以内に心をつかむ。

南原宏治　だからねえ、「一時間も演説して、やっと内容を理解させよう」なんていうようなねえ、（Ａに）君みたいなタイプがいちばん駄目《だめ》なんだ！

Ａ　（笑）（会場笑）なんで私が〝標的〟になるんですか。

南原宏治　君なんかを編集とか指導とかに置いといたら、もう、ろくでもない指導をするでしょう？　それを教わった人たちは、みんな、訳の分からんことばっかり書いたり言ったりするようになって、そしたら、立候補したら、みんな落ちるんだよ！

Ａ　（苦笑）すみませんでした。とにかく、よく分かりませんが、すみません。謝《あやま》っておきます。

南原宏治のスピリチュアル・メッセージ
“ガハハ魅力学”講座⑥

やっぱりねえ、三十秒以内に
心をつかまなかったら、いかんのだ。
「一時間も演説して、やっと内容を理解させよう」
なんていうようなタイプが
いちばん駄目《だめ》なんだ！

南原宏治　君の宿念《しゅくねん》っていうか、宿業《しゅくごう》の深さはすごいよ。

Ａ　宿業……。すごい（苦笑）……。

南原宏治　ああ、やっぱり、もっと短い言葉で、人の心をパッとつかまえなきゃいけないわけだからさ。「私がカラーの字を書いた」とか、そんなことで因縁《いんねん》をつけるようなやつは、だいたい落選一直線だよ。

Ａ　因縁……（笑）（会場笑）。因縁をつけたわけでは……、事実を申し上げたんです。

南原宏治　「人が、黒とか紺《こん》とかで書いているところを、カラーで書く」というのは、すっばらしい発明だ。（机を四回叩《たた》く）当選への道は、もう一直線で早い。やっぱり、そういうタイプの人間が受かるんであって、人と同じことをしたらいかんですよ。

Ａ　「人と同じことをしてはいけない」と？

南原宏治　やっぱり、その人特有の「売るべきもの」がなきゃいかん、何か。

Ａ　なるほど。

南原宏治　だから、釈党首、いいですよ！　いい！

Ａ　釈さんは、どのように見えますか。

南原宏治　いいですけど、あれは、もも割れスリットを入れないといかんわ。

Ａ　「もも割れスリットを入れろ」と。チャイナドレスのようなものですか。

南原宏治　そう。スリットをパッと入れて、ときどき、チラッとな。振《ふ》り返るときにチラッ。降りるときにチラッ。

Ａ　（笑）（会場笑）

南原宏治　やっぱり〝客〟は増えるわなあ。

Ａ　なるほど。釈党首、よく聴《き》いておいてください（苦笑）。

南原宏治　中国語も勉強してるっていう噂《うわさ》やからさ。それは、いいんじゃない？　それで、中国にもときどき行って、しゃべって、チラッ（会場笑）。へへへ。やっぱり、特徴《とくちょう》はあるわなあ。

まずは、スポーツ紙と「プレイボーイ」誌系統と写真誌は取材に来る、簡単に。

南原宏治のスピリチュアル・メッセージ
“ガハハ魅力学”講座⑦

人と同じことをしたら、いかんですよ。
やっぱり、その人特有の
「売るべきもの」がなきゃいかん。

有権者に「票を入れたい」と思ってもらうには

C　候補者のなかには、女性候補者もたくさんいるのですが、男性の方もいらっしゃいます。男性候補者をもっと魅力的に見せるには……。

南原宏治　ああ、男性は、基本的に落ちるような人ばっかりですね。

C　（苦笑）

南原宏治　指導が悪いんですわ。

C　どういう指導をすればよろしいのでしょうか。

南原宏治　もう本当に、「坊《ぼう》さん修行《しゅぎょう》」をしててねえ。あんた、銀座《ぎんざ》には、編み笠《がさ》を被《かぶ》った黒衣《こくい》の坊さんがおるだろう？（左掌《てのひら》を上にして差し出し、右手で錫杖《しゃくじょう》を持つようなしぐさをしながら）「ああ……」っていう、あんなのに入れる気がするか？　金だって、五円を出すだけでも、ほんまに迷うだろうが。あれは一円でも迷う。な？

Ａ　はい。

南原宏治　あれが投票に変わったと思ってくれよ。ねえ？　投票で買収するには、普《ふ》通《つう》は、最低でも二万や三万は要《い》るもんやわなあ。

Ａ　はあ。

南原宏治　だから、「二万や三万はお布施《ふせ》したい」ぐらいの気持ちは起こさんかったら、やっぱり（票は）入らんのや、坊さんの場合は。

Ａ　うーん。

南原宏治　「二、三万以上のお布施をしたい」というのは、幸福の科学のセミナーとか研修なんかの、一般的《いっぱん》な〝料金〟かもしらんけどな。やっぱり、その程度のありがたみは、この選挙活動においても起きなければ入らないわけ、票がね。そのありがたさを出さないといかんのだけど、どうも、指導が下手《へた》でいかんなあ。どうなんだろうか。

「一点突破《とっぱ》」で、みんなの心に訴《うった》えかけるような政策を

Ａ　どこを変えるとよくなりそうですか。

南原宏治　まあ、歴代の党首から、あんまり大したことないのも問題ではあるがなあ。

A　はあ。どのあたりを変えていくと、〝いい感じ〟になりますか。

南原宏治　うーん、だいたいねえ、もう、自分が言いたいことというか……。ああ、そうか、あれも一緒か。まあ、台本じゃないけど、その、政策かなんか……。うーん……。あ、〝黒ちゃん〟だっけ?　あいつ。

A　「人間グーグル」の黒川白雲《くろかわはくうん》さんですね(収録当時は幸福実現党政調会長。『「人間グーグル」との対話』〔幸福実現党刊〕参照)。

南原宏治　あれが、また、みんなを落とすつもりで政策をつくってるだろう?　(会場笑)

Ａ　いや、そういうことは……（笑）。そういうことはないと思いますけど（苦笑）。

南原宏治　それはそうやな、あいつの政策を読んで、通るわけがないよね。「政権を取ってから書け」っていうようなものばっかり書いとるだろう？　たぶん。

Ａ　はあ……。

南原宏治　マイナーな政党が、そんな難しいことをいっぱい並べて通るわけがないでしょうが。だから、まあ、もうドリルみたいに「一点突破」で、みんなの心に訴えかけるところを、ブアーッと押《お》していって通らないと……。

Ａ　やはり、三十秒ぐらいで心をつかむような「一転語《いってんご》」ですか。

南原宏治　うん、そうそう、そうそうそうそう。だから、本当は頭が悪いと思うけど……、あ、これは言っちゃいけないのかな。まあ、NG。いやあ、アハハハ。

A　（笑）いやいや。

南原宏治　まあ、（田中《たなか》）角栄《かくえい》さんは偉《えら》いけども、（田中）眞紀子《まきこ》さんも頭がいいかと思ったらよくない。でも、三十秒勝負だったら、ときどき気が利《き》いたことをパシッと言うじゃないですか。ほんで、「お父さんによく似てるなあ」っていう印象を、みんなに持たすでしょう？　三十秒ぐらいならね。股《また》の張り方から始まって、しゃべり方が、「お！　お父さんそっくりだな」と思わせたら、それで票が入るんだよ。

相手の心に手触《てざわ》りを伝えるのは「庶民性《しょみんせい》」

B　南原さんだったら、どういうことを訴えられますか。

南原宏治　だから、南原宏治みたいなふりをしてやったら、いいんじゃないかなあ。

B　（笑）いやいやいや……。

南原宏治　うん。舘《たち》ひろしよりは、わしのほうがかっこいいだろう。あ？

B　そうですね……。

南原宏治　（Aに）なんで笑うのよ。

A　いえいえいえ（笑）。いや……。

南原宏治　え？　そこは、笑いを取るところではないよ。

Ａ　いえ……（笑）。そうですか。

南原宏治　今は真剣《しんけん》に聴かないといかん。

Ａ　いやいや、本当に、心から尊敬しているんですけれども（笑）。

南原宏治　だからねえ、人気が逃《に》げていくようなことだけは、みんな、長《た》けてるんだよなあ。総裁先生の三十年近いご努力を水泡《すいほう》に帰《き》すのに、弟子《でし》たちが一生懸命《いっしょうけんめい》なんですよ、この教団は。もう、取りこぼしが多くて、いかんですねえ。これをグワッと取り込《こ》んでいかないといかん。

これは、伝道でも選挙でも、もう一緒なんですよ。取り込まなきゃいけない〝ウナギ〟を、どうして向こう側に逃がしていくんかなあ。

君ねえ、グーッと、もっと心が……。（Ａを指し）やっぱり、君が悪いんや。

Ａ　えっ、それが私に来るんですか（苦笑）。

南原宏治　やっぱりねえ、心っていうのを抽象《ちゅうしょう》的に考えすぎてるんだ。心っていうのは、もうちょっと具体的なものなの。ハートにはねえ、〝手触《てざわ》り〟が要るんです。手触りが。

Ａ　手触り？

南原宏治　その手触りをねえ、マイクを通して相手に伝えないといかんのだ。手触りを。

Ａ　なるほど。「マイクを通して心に手触りを伝える」。

南原宏治　手触りをだね。女性と話してたら、胸を触《さわ》られるような感じをねえ……、

南原宏治のスピリチュアル・メッセージ
“ガハハ魅力学”講座⑧

心っていうのを抽象《ちゅうしょう》的に考えすぎてるんだ。
心っていうのは、もうちょっと具体的なものなの。
ハートにはねえ、〝手触《てざわ》り〟が要《い》るんです。

マイクから響《ひび》いてくる声で、「アッハン……」と胸を触られるような感じ？

Ａ　（笑）そうですか。どういう触り方……、心の伝え方……。

南原宏治　「手が届くはずもないのに、なんか、ああ感じる」っていう、その感じなんだよ。

Ａ　この心の手触り感は、真心《まごころ》なのですか。何でしょうか。

南原宏治　真心ではあるし、やっぱり、「庶民性《しょみん》」ですね。

Ａ　あ、「庶民性」ですか！

南原宏治　うん。君らには、それが足りない！

Ａ　「庶民性」が足りない。

南原宏治　徹底的《てってい》に足りない。もうねえ、君たちは極《きわ》めてセルフィッシュ（自己中心的）。極めてセルフィッシュ。

Ａ　ああ……。

南原宏治　君たちはねえ、「人から尊敬されたい」とか、「人から賢《かしこ》いと思われたい」とかねえ、そういう気持ちで満ち満ちて、そういうオーラが立ち上《のぼ》ってるのよ。

Ａ　ああ……。

南原宏治　これが駄目なんだよ。偉いのは根本仏《こんぽんぶつ》だけなのよ。あとは、もう衆生《しゅじょう》の一部なんだからさあ。

「同じ衆生ではあるけれども、衆生の一部として、迷っておったり、苦しんでいたり、困っていたりする人たちをお助けしたい」という立場なんだけど、すぐに根本仏のふりをしようとするから、これが、根本的に間違いなんですねえ。

世の中の人は「好きか嫌《きら》いか」で判断する

Ａ　やはり、「庶民性」で、相手の目線に立って飛び込んでいく感じなのですか。

南原宏治　うーん。まあ、相手の目線っていうか、思考回路が読めなきゃいかんわねえ。

Ａ　「思考回路を読む」？　それについて、少しお教えいただけますか。「思考回路を読む」とは、どういうことなのですか。

南原宏治　「好きか嫌いか」だけです。

A　あ、好きか嫌《きら》いか（笑）。

南原宏治　とにかく、人には、「好き」と「嫌い」があるんです。

A　「好き」と「嫌い」。

南原宏治　だけど、演説してて、「（聴衆《ちょうしゅう》が）自分を好いているか、嫌っているか」は、たぶん（君たちには）分からないよ。

A　ああ、なるほど。

南原宏治　たぶん分からない。たぶん分からない。

Ａ　「好きか嫌いか」は分からない。

南原宏治　でも、俺《おれ》たちのように、俳優業をやってる人間は、観客の反応がすぐ分かる。

Ａ　なるほど！

南原宏治　それは一発で分かる。三十秒もやったら、もう分かるし、五分やったら、「もたないか、もつか」は分かってしまう。

Ａ　「『好きか嫌いか』の感覚が発達していて、非常に分かっている」ということですね。

南原宏治　ああ。次は、同僚《どうりょう》たちの評価まで、全部分かっちゃう。あるいは、テレビを通せば、テレビの視聴者の気持ちまで、全部つかめてくる。

これが、こういう職業だよな。俳優業もそうだし、まあ、テレビ局なんかに勤めてる人もそうだけども……。

Ａ　はあ。「『好きか嫌いか』が分かる力」。

南原宏治　これが、（君たちには）たぶん分からない！　なぜか。

Ａ　はい。

南原宏治　宗教のなかにいたら、〝強制力《きょうせいりょく》〟が働いている。

だから、信者は支部とか精舎《しょうじゃ》とかに集められて、話を聴かされたら、その話がうまかろうが下手だろうが、みんな、ありがたそうな格好をしなきゃいけない。だから分からないんです。ええ。

A　はあ……。

南原宏治　これを〝洗脳《せんのう》〟といいます。

A　（苦笑）

南原宏治　「いい宗教か、悪い宗教か」は別としまして、宗教には〝洗脳〟が必ず働きます。

その講師の話が下手でも、「涙《なみだ》を流してみたり、感動したようなふりをしなければ、根本仏に申し訳ない」という気持ちが働く。だから、「よかったです」としか言わない！

Ａ　うんうん。

南原宏治　悪かったことは、まず言わない。悪かったことを言うやつは、すぐに〝除名手続き〟が始まるので、まず、それは言わない。

Ａ　なるほど……。

南原宏治　実は、そこで「騙《だま》しの原理」が働いているんだけども、自分のことについては分からない。これが、修行が足りてないところなんだよなあ。

「ハングリー精神」が人を鍛《きた》え、強くする

Ａ　この修行は、どうしたら進むのでしょうか。

「好きか嫌いか」が分かるためには……。

南原宏治　それはねえ、やっぱり、「食っていけるかどうか」がかかってると、ものすごく身に染《し》みてくるんだけど、ここはねえ、教団が、うまくシステムを考えてくれて、給料が出るようにつくってくれてるじゃない。

Ａ　ああ……。

南原宏治　実際の托鉢《たくはつ》だったら、「もらえるか、もらえないか」は大きいだろう?「お経《きょう》の読み方がうまいかどうか」から始まって、身なりから、「尊いような雰囲気《ふんいき》が出ているかどうか」で決まるでしょう?

これで、「今晩、旅館に泊《と》まれるかどうか」が決まるけども、君たちはさあ、もう〝サラリーマン化〟してるじゃない?　だから、誰《だれ》かほかによくできる人が、代わりに稼《かせ》いでくれてるわけよ。そういうところが、やっぱり「弱い」んだよなあ。

信者が、すでにたくさんいるところに支部長として任命されていって、だいたい、お布施を集めたり、活動させたりする仕事をやってる。要するに、管理業務や〝税務《ぜいむ》署《しょ》の業務〟を、すぐにやりたがるじゃない？　やっぱり、裸一貫《はだかいっかん》で行って、信者がいないところでつくる力がないと、本当は駄目なのよ。

だから、このへんがねえ、なんか、「分かってないなあ」っていう感じだなあ。

Ａ　確かに、かつて、大川総裁がウォルト・ディズニーの霊を呼ばれたときに、「アイデアの源泉《げんせん》は何ですか」という質問をしたところ、「ハングリー精神だ」と、最初にバーンと言っていたのです（『ウォルト・ディズニー「感動を与《あた》える魔法《まほう》」の秘密』〔幸福の科学出版刊〕参照）。

南原宏治　そのとおりです。そのとおり。

Ａ　「え？」と思って。「愛の心」とか、そういうのを期待

『ウォルト・ディズニー
「感動を与える魔法」の秘密』
（幸福の科学出版刊）

していたのですが……。

南原宏治　そのとおりなんです！　そうなんだ。

Ａ　「お金がない」ということを言っていて、しかも、「ハングリー」というのは、精神論ではなく、「そういう貧しさが、実は、力になるんだ」と言うので、最初は分からなかったのですが、そういうところがあるのですか。

南原宏治　いや、本当に貧しくて無名なときの、苦労した部分が〝肥《こ》やし〟になるわけだけど。

　俺も、そんなに人のことは言えないけども、最初の幹部たちも、だいたい転職組が多くて、会社勤めから転職してきてるのがいたし、今は、新卒で会社風に入ってねえ、「ろくに仕事ができてなくても給料がちゃんと出てる」みたいな感じがあるじゃないの。

南原宏治のスピリチュアル・メッセージ

“ガハハ魅力学”講座⑨

やっぱり、
「食《く》っていけるかどうか」がかかってると、
ものすごく身に染《し》みてくる。
本当に貧《まず》しくて無名《むめい》なときの、
苦労した部分が〝肥《こ》やし〟になるわけだ。

まあ、そりゃ、大会社ほどの立派な手当はないかもしれないけれども、やっぱり、「説法《せっぽう》を失敗したら休業になる」みたいな、ストリートの大道芸人や場末《ばすえ》の歌手とかがクビになるような、あんな人たちの差し迫《せま》った感じは経験してないのよ。

A　危機感ですか。

南原宏治　うん。

情熱は「出そう」と思わなければ出てこない

南原宏治　それに、総裁先生がお優《やさ》しすぎるので、本をたくさんお出しになって、大量の方に御《ご》説法をお聞かせになるから、実は、本当は講師がいなくても（教団が）もつことはもつんだよ。あとは、その〝賽銭《さいせん》を集める係〟だけが存在しておれば、いちおう、もつことはもつんで。

（弟子の場合は）「説法は、ついでながら」というところで、みんなも時間が惜《お》しいから、金だけ置いていきたいところを、しかたなく聞かされてるようなことが、あっちでもこっちでも、現実には起きてるのよ。「もう、それは分かってるんですけどもねえ。同じ本を読んで、それを言ってるだけですから」みたいな。

だから、古い会員だったら、新入社員みたいな支部長が送ってこられて、もう、百も承知のことを延々と練習しながらやってるのを聞いてるのも、大変なんだよ。

落語だったら、みんな、サッと逃げるからさ。引いていくからさ。それを引かせないのが、宗教の力ではあるんだけども、そのへんが、もう一段、広がっていかない部分ではあるな。

海外では、新しいところへ行ってやらされるところに、少し苦労をしてるから、ちょっとは宗教家らしいところもあるかなあとは、今、思うけどね、国内はあかんね。腕《うで》がなまってるね。もっと、グワーッと広げる力がない。

だから、そういう情熱の出し方？

あんたがたは、「情熱が湧《わ》いてきたら、それが行動に移って、人にうつる」っていうふうに頭では考えるんだけど、そんなんじゃないんですよ。

情熱っていうのは、湧いてくるのを待ってたって、湧いてこないんですよ。情熱っていうのはねえ、そんなんじゃないんですよ。情熱っていうのは、「情熱を出そう」と思わなきゃ出てこないんですよ。

A　出そうと思わないと、出てこない。

南原宏治　ええ。そっちが先なんですよ。

だいたい、「湧いてくるのを待って、出てきたら出す」っていうのは駄目なんですよ。それは、火山の噴火《ふんか》を待ってるようなもので、「桜島《さくらじま》が噴火した」とか、そんなのを待ったら駄目なんですよ。いつでも自動点火して〝噴火〟できなければ駄目なんです。

その情熱が、やっぱり、役者であろうと、ほかの学校の先生であろうと、宗教の教師であろうと、一緒なんですよ。自家発電で、自分で〝自動発火《はっか》〟できなければ駄目

南原宏治のスピリチュアル・メッセージ

“ガハハ魅力学”講座⑩

情熱っていうのは、湧《わ》いてくるのを待ってたって、
湧いてこないんですよ。
情熱っていうのはねえ、
「情熱を出そう」と思わなきゃ出てこないんですよ。
いつでも自動点火して〝噴火《ふんか》〟できなければ
駄目《だめ》なんです。

だ。ここが、根本的に足りてないよね。

幸福の科学に必要なのは「師範代《しはんだい》クラスの人材」

南原宏治　（幸福の科学は）みんなが「知の人」で、知識を伝えることで飯《めし》を食ってるつもりでいるんだけども。

学校なんかには強制力があるからさあ。「卒業ができない」っていう強制力と、あと、「通信簿《ぼ》をつけられる」っていう強制力と、「テストを受けさせられる」っていう強制力があるからいいけど、宗教っていうのはさ、もう、入るのもやめるのも、ある意味では自由ですからね。嫌《いや》だったらやめればいいんだから、そういうふうな強制力は、ある意味では働くけど、ある意味では働かないところがある。

だから、「支部長は嫌とか、支部の女性部長だとか、○○部長だとかは嫌《きら》いなんだけど、総裁先生への信仰《しんこう》は、まだ、なくなっているわけでないので……」みたいな、板挟《いたばさ》みみたいになってる人って、あっちもこっちも、いっぱいいるよ。な？

「新しい支部長が来てからうまくいかない」とか、「前の支部長のときも、どうだった」とか、いろいろ、そういう人間関係のごちゃごちゃが、あっちもこっちもあって、もうひとつ、（うまく）いかないのね。

それをスパーッと切るのは、そらあ、もちろん、総裁先生のお仕事でもあろうけれども、やっぱり、総裁先生までは行かないにしても、「師範代《しはんだい》クラス」が、もっといっぱい育たないといかんのじゃないかねえ。

まあ、俺はもう、この世の人じゃないから、あの世（の人）だからしょうがないけども、もし、この世で、まだ君ぐらいの、本当に黒髪《くろかみ》……。（Aの髪を指し）それ本《ほん》物《もん》か？

A　これは本物です（笑）。

南原宏治　あ、本物か。あ、そうか。

その本物の黒髪が、まだ残ってるとしたらだね、「南原宏治講師、来《きた》る！」というポスターを貼《は》ったら、「おおっ！」となって、人が集まってくる。それくらいの人が、いっぱいいてくれないと、かわいそうだよな。やっぱりなあ。うーん。

情熱を〝噴火《ふんか》〟させるのは自分の精神修行《しゅぎょう》

C　そういう人は、教育などによって……。

南原宏治　うん。できる。ある程度できる。ある程度できる。ある程度は教育でできるけども、自分から「発心《ほっしん》」っていうかな、情熱を〝噴火《ふんか》〟させるところは、これはねえ、やっぱり、自分の精神修行《しゅぎょう》だな。

だから、追い詰《つ》められて、食っていけなくなったら、誰だって必死になるけども、食っていけないところまで行かないと、そこまでならないんだよ。

逆もあるわな。例えば、「俺みたいな高学歴の人間で、○○会社に勤めていた人間が、まだ、こんな出世で止まって給料も安い。なのに、あいつは、あんな学校を出やがって、あんなに出世しやがって」とかさあ、「俺のほうが親会社だったのに、あんなオンボロ会社の子会社から来て、俺より偉くなりよって、この判定は、何かおかしいのと違うか」みたいな、こんなことばっかり考えてるような人間だったら、ほかの人にとっては、全然、魅力はないからね。どうせ、説法の間にも愚痴《ぐち》が出るしね。

C　なるほど。「魅力ある人間になっていくんだ」とか、「個性」とか、そういうものをすごく大事に……。

南原宏治　生まれつきもあるけどね。

C　（笑）

南原宏治　フフフフフフフ……。

6 大川隆法に弟子《でし》入りした理由

「大川隆法の『人の心をつかむ魅力《みりょく》』について研究すべき」

C　生前は、個性をすごく大事にしていたかなあと思いますし、私も、そのように教育され、すごく自由にさせてもらい、ありがたかったなあというように思うのですが、「魅力《みりょく》的な人材」を輩出《はいしゅつ》していく、教育していく上での、いちばんのポイントは何ですか。

南原宏治　君らはねえ、総裁先生の仕事を十年二十年と、ずーっと見ておりながら、勉強が足りてないよ。私らが見るような目で見てないんだなあ。だから、見えてないんだなあ。

もうちょっとよく見たらいいんだよ。総裁先生が、どういう感じで人の心をつかんでるかをねえ、もっと勉強すべきだよ。それはねえ、活字だけでは分からないんだよ。だから、例えば、〝生《なま》の講演会〟の（収録された）テープを活字に起こして、（Bを指して）君のところでやってさあ、君が面白《おもしろ》くない感じに直して、言葉を並べて……。

B　あ、いえいえ……（苦笑）。

南原宏治　普通《ふつう》の人の文章みたいに直すだろう？　ここで、もう、感動は「十分の一」に減っとるよね。本になったときにね。

B　はい。

南原宏治　〝生〟のを聴《き》いたときの感動と、〝本〟で読んだときの感動を比べると、「十分の一」に落とす力が、君らにはあるよ。〝ダム〟をいっぱいつくってるから、これで落とす。なあ？

そうしたことをするけども、「〝生〟のときの先生の魅力は、いったいどこから出ているか」についての研究が、やっぱり、足りてないわねえ。全然、足りてない。

宗教家は、最高レベルになれば、詩人でもあり、俳優でもあり、美術監督《かんとく》でもあり、演出監督、プロデューサーでもありねえ、やっぱり、そういう人の心をつかむ業界において、オールマイティーでなきゃ駄目《だめ》なんですよ。

単に知識だけ並べたってねえ、人は感動なんかしませんよ。だから、「踊《おど》って、歌って」がうまいだけでも、やっぱり、駄目ですよ。

だいたいねえ、（総裁は）東大法学部を出ていながら、サングラスをかけて出てこられるっていう、この神経が、やっぱりねえ……。

Ｂ　いや……（笑）（会場笑）。

南原宏治　もう、御年《おんとし》、私の発心《ほっしん》のころに近づきつつあるときに、まだ、こんなこと

南原宏治のスピリチュアル・メッセージ

“ガハハ魅力学”講座⑪

宗教家は、最高レベルになれば、
詩人でもあり、俳優《はいゆう》でもあり、
美術監督《かんとく》でもあり、演出監督、
プロデューサーでもありねえ、
やっぱり、そういう人の心をつかむ業界において、
オールマイティーでなきゃ駄目《だめ》なんですよ。

ができるっていうのは、普通でないですよ。ビートたけしやタモリぐらいしかできないようなことを、平気でなさる。ねえ。もう、「天下のインテリ」と、みんなが信じてる人が、平気でできる。なぜか。それはねえ、娘《むすめ》（C）をからかいたいから。

C　（笑）（会場笑）

南原宏治　だから、こうなって出てきてるわけだけども、「娘をからかいたい」っていう親の心が読めて、それで娘が困るところを見たら、みんなが喜ぶところまで、先生は想像ができるから、こんなことをして〝遊ぶ〟わけ。ね？　この「遊び心」が入ってるわけよねえ。

でも、同じことを君らがすると、ただの「バカ」になるんだよなあ（会場笑）。

プロとして衝撃《しょうげき》を受けた大川隆法の〝変身〟

C　やはり、大川総裁の魅力といいますか、総裁の御法話《ごほうわ》を聴《き》いて、その霊的《れいてき》なバイブレーション……。

南原宏治　それは、そうや。君ねえ、私が会員になったときは、六十歳《さい》手前だったけど、数《かぞ》えで言やあ、ほとんど還暦《かんれき》だったよ。

C　ええ。

南原宏治　三十歳の青年だった総裁先生のしゃべり方はねえ、もう、速すぎて、量が多すぎたからさあ、あんなには頭に入らない。それで、しゃべり方については、プロとして、ちょっと指導してやらないといかんと思って、親心で、失礼ながら（手紙を）書いたけども、さっすが先生やあ。

一九八六年十一月二十三日の初転法輪日《しょてんぼうりんび》では、確か、一時間半だか二時間だか、二時間半だったか知らんけども、ものすごく長い時間を、早口で、ターッと大量におしゃべりになられたね。いろんなことを、順序立てずに、いっぱいしゃべられた。だから、ご本人が嫌《きら》って、その後も、（当時の説法《せっぽう》を書籍《しょせき》として）売っていないようだけども。

そのあと、私から分厚い封書《ふうしょ》が届いた。そして、私は、発声法から呼吸法、間《ま》の取り方、その他、いろいろとご指導した。

次回は、次の年の八七年三月八日、雪の日に、牛込公会堂《うしごめこうかいどう》で、四百人ぐらいを相手にした、第一回講演会（「幸福の原理」）がありました。その牛込公会堂での講演会においては、「ちょっと、話し方についてご指導を申し上げたいので、楽屋《がくや》にてお会いしたい。面談したい」というふうに、（手紙の）最後に、申し込《こ》みもいたしました。

そして、先生のほうは、快《こころよ》く、「ああ、南原先生にはご指導を受けなきゃいけない。年も、もう、三十歳近く違《ちが》うから」ということで、講演が終わったあと、ご指導を差し上げることになっとったけども、講演を聴いたら、ガラッと変わっちゃったじゃない！　十一月のと三月のが、まったくの別人じゃない？

あれを聴かされたら、まったく違うよ。もし続けて聴いたら、これが同じ人だなんて、全然、信じられないですし、役者の世界で、君ねえ、同じ時間を取っても……。十一月二十三日から三月八日までの間だから、十二月、一月、二月……、三カ月ちょっとでねえ、あれだけ話し方を変えられる役者はいないわ。三カ月だな。

A　おおお……。

南原宏治　はっきり言って、まず、いない。コローッと変わっちゃったからな。あの衝撃はねえ、もう、忘れられんわあ。もう、これは嘘《うそ》だろうと思った。

プロだってねえ、これだけの〝変身〟はありえないんだよ。あそこまで変わるにはねえ、うーん……、まあ、最低、三年は必要だね。三年はやらないと、あそこまでは行かないので。三年ぐらい説法してたら、あのくらいまで変わっていくことはあるけど、最初のダラダラッとした長い早口の説法から見て、あの第一回の「幸福の原理」の講演は衝撃《しょうげき》だったね。というか、六十年生きてきた俺《おれ》でもできない話し方だったので、「ウワアーッ！　恥《は》ずかしいこと書いちゃった！」っていう感じだよなあ。

総裁先生は正直な方だから、「南原宏治さん、遅《おそ》いねえ」って言って、（楽屋で）ずーっと待ってたらしいけど、逃《に》げて帰ったんだよ（会場笑）。

Ａ　では、結局、会わなかったのですか。

南原宏治　逃げて帰った。

Ａ　逃げ……（笑）（会場笑）。自分で、「会いましょう」と言ったんじゃないですか。

南原宏治　いや、だって、あまりのショックに……。こんなに上手な人だとは思わんかったからさあ。

Ａ　はああ……。「それほど変わった」ということですよね。

南原宏治　変わりましたよ。だから、畳《たたみ》の上で、立ってマイクを持って、演歌を歌うようなカラオケスタイルでやるのと、演壇《えんだん》の上で話すのとでは、もう「別人」でしたよ。

Ａ　はああ……。

南原宏治　もう、完璧《かんぺき》に「別人」で、講演会は、最初から〝完成〟してましたよ。講演としては、もう完璧ですよ。あれは、ちょっと衝撃でしたね。私は、ああいう人は見たことがないので。

Ａ　要は、プロとして見たことがないと。

南原宏治　プロとして衝撃！

講演会等を通して気づいた「何段ギアにもなっている話し方」

Ａ　南原さんは生前は、インタビューを通して、千人近くのいろいろな知識人や有名人などとお会いして、お仕事をされていたということを聞きましたが、その目で見ても、やはり、そういうことはありえないのですか。

南原宏治　ありえないですよお。ありえない。

そら、先生は気になされていたようだけど、わしは、講演会のたびに前のほうに座《すわ》って、ジーッと、顔を見ているんじゃなくて、「唇《くちびる》の動き」をずーっと見てた。「口の開け方」、「しゃべり方」、「発声の仕方」、「言葉の選び方」などを、ジーッと、ずーっと見てきたけど、これが、毎回違うんだよ。

Ｂ　はあ……。

南原宏治　毎回変わるんだ。唇の動かし方、声の大きさ、抑揚《よくよう》のつけ方、間の取り方、それから、もちろん内容も違うけど、毎回、「別人」に変わるんだよ。

Ａ　ほお……。

南原宏治　それから、講演の規模に応じて、話し方が、どんどんどんどん、コロッと変わっていくんだ。

規模相応に変わるのは分かった。規模が変われば（話し方も）変わるのは分かったし、それから、来ている聴衆《ちょうしゅう》の質によって話を変えていくのも分かった。だから、内部向けや講師向け、あるいは、研修会とセミナーと講演会とで、全部話し方が違うんだよ。この〝何段ギア〟にもなってる部分？「これが最初からできる」

っていうところの衝撃は、やっぱり、プロとして、かなりの衝撃だったねえ。はっきり言って。

君らはねえ、何回やったって一緒《いっしょ》やないか、はっきり言うて。

Ａ　そうですか（笑）。

南原宏治　だからねえ、これが分かって……。いやあ、プロだからこそ、それが分かったわけで、だから、三十歳も下の人に〝弟子《でし》入り〟したんでね。

Ａ　はあぁ……。

南原宏治　まあ、本の内容はよかったけどね。本の内容もよかったけども、やっぱり、衝撃でしたね。うーん、ここを学ばんといかんわあ。

外国の天使や菩薩《ぼさつ》も衝撃《しょうげき》を受けている「大川隆法の英語説法《せっぽう》」

C　やはり、私たち弟子も、実際に、直《じか》に人と会い、目の前にいる人のハートをつかむというか……。

南原宏治　そう！

C　そういう努力や研究が、これからは大事ということですね。

南原宏治　（大川総裁は）海外でも講演をなされているらしいし、まあ、私らは、そんなに詳《くわ》しく見ることはできないけども、感じとしては……。あの世でもね、いちおう、映画館があるんだ。

それで、そういう特殊《とくしゅ》なグループ用に、何て言うの、うーん……、映写会っていうか、そういう鑑賞会《かんしょうかい》があって、やっぱり、あの世でも伝道はあるから、好きな人をお誘《さそ》いして、「うちの総裁の海外の講演なんですけど、英語の説法《せっぽう》があるから、ちょっと聴いてください」って言って、外国の人を呼んでくる。

あの世でも、いちおう、上映会はあるんです。やってるんですけど、（聴いた人は）みんなねえ、（サングラスを上にずらし、目を見開きながら驚《おどろ》いて）「フエエエーッ！」と。

2016 年 2 月現在、世界五大陸 14 カ国で 24 回行われている大川隆法海外巡錫では、地域・人種・宗教を超えた人々が講演会に参加し、毎回、入会者が続出している（写真左上：スリランカ／右上：ネパール／左下：ウガンダ／右下：フィリピン）。

B　（笑）（会場笑）

南原宏治　こうや。みんな、（サングラスを上にずらし、目を見開きながら）「フエエーッ！」と、こうよ。

あの世の外人の天使や菩薩《ぼさつ》たちはみんな、「目からウロコ」じゃなくて、サングラスを落っことすような衝撃《しょうげき》を受けて、この世の人よりも、もう一段、衝撃が大きいねえ。

A　あの世になると、思いが十倍ぐらい大きくなるんですよね。

南原宏治　「はああ！」となってる。みんなは、実際に説法してる人たちだからね。「はっ！　これはすげえなあ！」って言ってるよ。

何がすごいかってね、まあ、内容は二の次で、何と言うかねえ……、うーん、何だろうねえ。まあ、相撲《すもう》にたとえたら申し訳ないなあとは思うが、からかい半分で言わせていただけりゃ、あれは、はっきり言って、十五日目の千秋楽《せんしゅうらく》の決勝戦での、「横綱の気迫」だよな。相星《あいぼし》決戦みたいな気迫《きはく》であるし、巌流島《がんりゅうじま》の、武蔵《むさし》と小次郎《こじろう》の決闘《けっとう》？　もう、あの気迫だねえ。感じるよねえ。

A　迫力があるのですか。

南原宏治　だから、もし、言葉が分からんでも、「動きだけを見て通じる」っていうか、みんな衝撃を受けてるね。「この人は神様やなあ」って感じさせるものがあるわなあ。やっぱり、このへんのバイブレーションだねえ。

南原宏治氏の考える「バイブレーション研修」とは

南原宏治　君らねえ、指導研修局で「バイブレーション研修」なんて、やっとれへんやろうがあ。

A　ああ、バイブレーション研修はやってないですね。

南原宏治　そもそも、出せんもんな。

A　波動《はどう》とか、心から出る波長《はちょう》が、ですか。

南原宏治　出せへんのや。出せへんけど、やっぱり、それが、人を伝道してる本当の力なんだ。

A　波長で「伝道」するわけですね？

南原宏治　本当に心が揺《ゆ》さぶられる……。

C　どういう研修なのでしょうか（笑）。

A　心を揺さぶる研修なんていうのは……。

南原宏治　いや、そうなのよ。「バイブレーション研修」っていって……。

A　ああ。心から波動が出るから。

南原宏治　「パピプペポ」でも行けるんだよ。

A　パピプペポだけで……（笑）（会場笑）。影響《えいきょう》を受けるんですか。

南原宏治　うん、それでもねえ、感動するやつが出てくるんだよお。

Ａ　はああ！

南原宏治　発声の仕方によって。

Ａ　はあ、そうですか。

南原宏治　「パピプペポ」でも行くんだ！

Ａ　（笑）思いによって伝道していますからね。

南原宏治　だから、総裁に、ちょっと、パプアニューギニアに行ってもらって、「パピプペポ、パピプペポ、パ・ピ・プ・ペ・ポー！」って叫《さけ》んでもらってごらん。すぐに、信者になる人が、いっぱい名前を書くから（会場笑）。

A　（笑）いや、そんな、「パピプペポ伝道」は、さすがに、ちょっと……。

南原宏治　ああ。それでも信者になるから。

A　「総裁の波動が人間をはるかに超《こ》えてしまっている」ということですね？

南原宏治　餌《えさ》を付けなくても釣《つ》れる魚がいるのと一緒だ！

A　（笑）

南原宏治　まったく同じ状態だからねえ。

A　なるほど（笑）。

「伝道力百倍」「得票率百倍」の教団になるには

C　確かに、パパも伝道するときは、何か難しいことを言うというよりは、いきなり会って抱《だ》きしめたりとか（笑）、キスしたりとか、すごく握手《あくしゅ》をしたりとか……。

南原宏治　笑い方が気に食わないなあ、ちょっとだけ……。

C　（笑）何か、そういう、「その人を思う」といいますか、相手に対する……。

A　思いが先にね。

南原宏治　そうなのよ。いやねえ、まあ、多い少ないはあるけれども、みんな、多少なりとも霊能者の部分はあって、バイブレーションは感じるんだよ。

Ａ　ああ、バイブレーションを感じるんですね。

南原宏治　おう。やっぱり、数パーセントから、百パーセント感じる人までいるけど、バイブレーションはある。

だから、「(行事参加者の)七十パーセントが入会しました」とか「九十パーセントが入会しました」とか言ったら、その九十パーセントの人を、グチャグチャに揺さぶったということですから、もう、これは、みんなが衝撃を受けてる証拠《しょうこ》だよな。

だから、このへんのところを、もう少しねえ、君らは勉強しなきゃいけないよ。

野球の選手だって、名選手っていうのは、やっぱり、「球《たま》の捕《と》り方」や「バットの振《ふ》り方」に違いがあるよなあ。

古い話で申し訳ないけど、長嶋《ながしま》(茂雄《しげお》)さんだって、三塁手《さんるいしゅ》をやってても、ちゃんと球を捕って、芸術的なフォームで一塁に投げるじゃないか。

そういうところがあるしさあ、今だったら、イチローが注目を集めてるようだけど

南原宏治のスピリチュアル・メッセージ

“ガハハ魅力学”講座⑫

多い少ないはあるけれども、
みんな、多少なりとも霊能者《れいのうしゃ》の部分はあって、
「バイブレーション」は感じるんだよ。

も、あれだって、本当は俊足《しゅんそく》だから、楽々一塁セーフになるのでも、ちょっとだけの差でセーフになるようなふりをして、わざと遅く走ってる場合もあるんだぜ。

そのへんが、〝プロのうまさ〟なんでねえ。みんなをハラハラさせながら、「セーフ！」ってやらせるところ？　あんまり早く入りすぎたら、全然面白くないんだよ。「一塁手が球を捕ったときには、もう、二メートル先を走っている」っていうのは、全然面白くない。まったく面白くない。もう、「間一髪《かんいっぱつ》」「ちょっとだけ」……。プロっていうのは、そのへんまで足を調整するのよ。それで、芸術的に見せる訓練があるんだよな。

（Aに）君の昔のへたくそな絵と違って、本物のプロの画家になりゃあ、「ここのところは、ちょっとミスったんじゃないか」と思わせて、ミスじゃない一点（の色）が、パタッと落ちてるようなのがある。「この一点にポタッと色が落ちたのは、ミスじゃない」っていう、〝効いてる部分〟があるんだなあ。本当のプロになると。

これを君らは、もっと勉強しろよ、もっと勉強を！

A　分かりました。〝今の波動〟で感じます（笑）。

南原宏治　全然駄目だあ。

A　何か、「言いたいこと」が伝わってきました（笑）。

南原宏治　これをマスターできたらねえ、伝道力は百倍！

A　伝道力は百倍になりますか。

南原宏治　百倍。それから、得票率百倍！

A　あ！　これは、いい話を聴きました。

南原宏治　確実です。「中身」なんかねえ、もう……。

Ａ　いや（笑）、「中身」も大事ですから。

南原宏治　あ、いや。これは言ってはいかん。これは活字にすることができないし、カットさせられないから言わない！「中身」については言わないけども、まあ、よければ、いいに越《こ》したことはない！ないけども、やっぱり、「訓練」によって行くものは行く！

Ａ　はい。

南原宏治　うーん。そういうことだな。

7 謎《なぞ》めく過去世《かこぜ》を探《さぐ》る

過去世《かこぜ》の質問に対し、「クイズにしよう」とはぐらかす南原宏治氏

A　もう時間が、いい時間になってまいりました。もっと訊《き》きたいのですけれども……。

南原宏治　いやあ、なんぼでも行こう！

A　いやいやいやいや……（会場笑）。

南原宏治　夜中、朝まで行こう。

Ａ　いやいやいやいやいや……（笑）。

南原宏治　田原総一朗《たはらそういちろう》に負けてたまるか。「朝まで生《なま》テレビ！」だ。

Ａ　いやあ、あの、これはですねえ、全国の南原宏治ファンに……。

南原宏治　あ？

Ａ　全国のですねえ……。

南原宏治　まあ、じゃ、（南原宏治の）「一週間研修」をやりなさい、「一週間研修」を。

A　いやいや……(笑)。やはり、訊かないと怒《おこ》られてしまいますので、どうしても訊かせていただくんですけれども、やはり、「人間は、過去、永遠の転生《てんしょう》のなかで転生してきた」というところがありまして……。

南原宏治　うわあっ、来た!(私が)本当のことを言うと、君、信じてるわけ?

A　え? 何?(笑)(会場笑)

南原宏治　「ほんとのこと、僕《ぼく》が答える」と信じて訊いてるわけね?

A　いや、これはぜひ訊いてみようと思いまして。ここは誠意で、この〝波動《はどう》〟で伝えようと思って、今……(笑)。

南原宏治　じゃあ、君の知力を試《ため》してみようか。これはクイズな。クイズの番組な。

A　ええ、クイズでも何でも、とにかくここは体当たりで。

南原宏治　ああ、クイズだ。

A　やはり、転生のなかで何かメルクマール（目印《めじるし》）になるというか、大きな柱となるような修行《しゅぎょう》をなされたりとか、人類史に何か影響《えいきょう》を与《あた》えたりとか……。

南原宏治　君、そんなねえ、へりくだった、控《ひか》えめな訊き方をするのは、やめたほうがいいんじゃないか。

A　分かりました。それでは、（過去世《かこぜ》は）何ですか？　（笑）（会場笑）

南原宏治　違《ちが》う！　そんな、ぶっきらぼうな言い方で訊けって言ってるんじゃないいんだよ。

Ａ　ぶっきらぼうな訊き方……（笑）。いや、参りました。すみません。ちょっと変えますから。あの、ぜひ……。

南原宏治　うん、「当然、名前のある方だろうと、ご推察申し上げますけれども、どのような偉《えら》いお方でございましょうか」と、こう訊かなきゃ駄目《だめ》でしょうが！

Ａ　分かりました！

南原宏治　嘘《うそ》だって、言えないじゃないか。バカ野郎《やろう》！

冗談《じょうだん》の連発で質問者を煙《けむ》に巻く

Ａ　それでは、どのような名前のあるお方でありましょうか（笑）（会場笑）。

南原宏治　まあ、釈尊《しゃくそん》とは言わないけれどもだなあ、わしぐらいの熱弁が振《ふ》るえるっていうのは、まあ、格としては、まあ、日蓮《にちれん》（鎌倉《かまくら》時代の僧侶《そうりょ》。日蓮宗の宗祖《しゅうそ》）ぐらいの格ではあるな。

Ａ　日蓮と同格程度なのですか。

南原宏治　まあ、そういうふうに考えていただいて結構である！　うん！

Ａ　（笑）本当ですか？　あ、いやいやいやいや……。

南原宏治　「疑い」は、宗教にとっては敵だよ。

A　分かりました。「日蓮と同格である」と？

南原宏治　同格である！

A　これは、革命系ですか？　何系ですか？　社会変革系ですか？

南原宏治　うーん。

A　それとも政治系の何とか、宗教系とか……。

南原宏治　君、そんなに勘《かん》が鈍《にぶ》いわけ？　いっぱい言わなきゃいけないわ。散弾銃《さんだんじゅう》を撃《う》たないと雀《すずめ》を落とせない？　ああ、そう。

Ａ　いやあ、それでは、そんなにものすごい〝あれ〟ですか？　何かこう……。

南原宏治　いい名前をバスッと出してみろよ！

Ａ　いや、「出してみろ」って……（笑）（会場笑）。

南原宏治　そしたら、俺《おれ》は「イエス」と……。

Ａ　「賭《か》け」じゃないですか、それ（笑）。

南原宏治　「イエス」と言やあ、そんで済むんだからさあ。

Ａ　いや、やはり、それが内発的《ないはつ》に出てこないと。

南原宏治　ええ？　いろんなのが、いっぱいあるだろ？　君、そんな〝信仰《しんこう》〟のないスタートじゃ駄目だ。

映画「ヘルメス――愛は風の如《ごと》く」で声優をしたのは過去世《かこぜ》に関係？

Ａ　それでは、ちょっと一つ……。先ほど、娘様《むすめさま》（Ｃ）と話をしていて……。

南原宏治　あ、娘のインスピレーション？　これは怖《こわ》いなあ。

Ａ　いやいや。例えばですね……。

南原宏治　景山《かげやま》（民夫《たみお》）さんが一遍上人《いっぺんしょうにん》？

A　はい。

南原宏治　はあー、それは君ねえ、それを〝一つのハードル〟として考えなきゃいけないねえ。うーん。

A　例えば、幸福の科学のアニメーション映画「ヘルメス――愛は風の如《ごと》く」（製作総指揮・大川隆法／一九九七年公開）では、南原さんはオフェアリス役の声優として出られましたよね。

南原宏治　ああ、声優な。ああ。

映画「ヘルメス――愛は風の如《ごと》く」（1997年公開／製作総指揮・大川隆法／幸福の科学出版）

古代ギリシャの英雄ヘルメスの活躍を描いたアニメーション映画「ヘルメス――愛は風の如く」において、南原氏はヘルメスの霊的覚醒を促す指導霊オフェアリス神の声を務めた。

A　はい。ですから、そういうオフェアリス神との関係もあるかなという気もしますし……。

南原宏治　うーん、オフェアリス神だって？　俺が？

A　いやいや……（笑）。頭を混乱させないでください。今、エンディングに向かっているところで……（笑）。

南原宏治　それは、まあ、ちょっと遠慮《えんりょ》してもいいかなとは思うがなあ。

A　いやいやいや。だから、何かそういうふうな……。

南原宏治　まさか、タコだとか言うんじゃねえだろうな？

Ａ　やっぱり、当会には（ヘルメス神の流れがあるので）〝ギリシャの風〟があったりとかしますし。

南原宏治　ああ、ギリシャねえ。いいねえ。ギリシャもいいね。

Ａ　何か、ギリシャ系という感じがしますよね。

南原宏治　コルシカ島あたりに生まれたら、いい感じだなあ。やっぱり、「ゴッドファーザー」に出て主演してみたいねえ。アル・パチーノなんていうの、どうだ？　いい感じだなあ。あんな感じ……。

Ｂ　明治維新《いしん》あたりには……。

南原宏治　ああ、まあ、明治維新でもいいよ。

A 「でもいいよ」とか、そういう問題じゃなくて、事実をお願いします。

南原宏治　あとは、できたら、できるだけいいやつを挙《あ》げてくれんか。合ってるかどうかだけ言うからさ。

A （苦笑）でも、やっぱり、Cさんの御尊父《ごそんぷ》でいらっしゃいますから、縁《えん》があるんじゃないんですか。

南原宏治　そうなんです。そう、「姫《ひめ》の父親」っていうのは……。

A 王ですか？

南原宏治　王。まあ、そらあ、もう……。

Ａ　キングですか？

南原宏治　もう、〝キング〟以外にはありえないねえ。

Ａ　何のキングですか？

南原宏治　いや、いろいろあるわなあ。「少年キング」とか、まあ……（会場笑）。

Ａ　（笑）いや、煙《けむ》に巻かないでください。そういう、何かがあるような……。

南原宏治　それは、あってあってだな。まあ、「大王《おおきみ》」といわれてもいい……。「大王」と呼ばれてもいいね。

Ａ　大王？　大王ですか？　ああ……。

南原宏治　まあ、そういうことはあるね。英語で言うと、「Tycoon《タイクーン》」（大君）でもいいねえ。うーん。

生前、「風韻《ふういん》のある人になれ」と薫陶《くんとう》を受けていた質問者

Ａ　大川隆法総裁は、先ほどの話に出た「七色の論文」を見たときには、「念力点《ねんりきてん》ですう」というコメントがあって、「本当は点が行ってないけど、あと五点乗せましょう」みたいな、「念力点を付けました」というように書かれていましたよ。記憶力《きおくりょく》がいいでしょう？

南原宏治　君ねえ……。

A　はい。言っちゃまずかったですか？

南原宏治　もう、君ねえ、もう〝廃棄《はいき》処分〟だわ。

A　（笑）（会場笑）廃棄処分……。これは、だから……。

南原宏治　もうゴミ箱に行きなさい。

A　いや、違うのです。何が言いたかったかというと、「念力」、「念《おも》いが強い」ということもあって、そういう御力《みちから》も持っていらっしゃるのかなと。

南原宏治　念力だけじゃない。「人格」、それから「人望《じんぼう》」。

Ａ　「人格」と「念力」、「人望」が全部揃《そろ》っていると、私は思ってます。

南原宏治　「魅力《みりょく》」、「声」、「演技力」。

Ａ　はい。

南原宏治　「知識」、「教養」、「経験」。すべてにおいて超《ちょう》一流だ。

Ａ　超一流？

南原宏治　うん。

Ａ　昔、南原さんからは、「風韻《ふういん》のある人になれ」と言われていました。私の若いころに、「君、風韻のある人になれ……」。

南原宏治　え？「風林火山《ふうりんかざん》」？

Ａ　違います、違います。「風韻」……。

南原宏治　武田信玄《たけだしんげん》？　いや、それは〝競争〟やなあ。

Ａ　いえ、「風韻」です。「もっと雰囲気《ふんいき》のある人間になりなさい」とか、私はいつも南原宏治さんから薫陶《くんとう》を受けていましたよ。

南原宏治　うーん……。「風韻」ね。なかなか風流《ふうりゅう》な言葉を使えるなあ。

Ａ　ですから、それを教えてもらったんですよね。

南原宏治　俺にしか使えない言葉だけどね。君なんかにはもったいないけども。

A　（笑）いや、別にいいのですけれども。

「プレアデス」との宇宙的なつながりはあるのか

A　「風韻」という、そういう古風な言葉を使うのには、日本にも関係があるのかなという感じもします。何か出てきませんか？

南原宏治　まあ、娘の手前だから、ちょっとねえ。やっぱり、虚々実々《きょきょじつじつ》の駆《か》け引きが……。

A　いや、駆け引きからの脱却《だっきゃく》ということで、ここはやはり真実の探究をしないと。

南原宏治　いやあ、それは、やっぱりねえ、（娘は）プレアデスの何？　女王か？

A　ええ。プレアデスです。

南原宏治　女王じゃない、王女？　王女、王女いっぱいいるんだよ、あれはきっと。

A　はい。

南原宏治　あれねえ、（プレアデスの王には）奥《おく》さん、百人ぐらいいるかもしれないから、ちょっと分からない……。

A　それでは、南原さんご自身は、プレアデスと関係があるのですか？

南原宏治　え？　何が？

A　プレアデスご出身でしょう？

南原宏治　わしは、「宇宙人リーディング」なんか受けとらんっていうの。

A　それなら、今、決めてください。

南原宏治　知らんねえ。じゃあ、じゃあ、それ！

A　もう（収録の）時間がないんですから。時間が……。

南原宏治　いやねえ、もう、じゃあプレアデスにしておこう。プレアデス。

A　いや、そんなに簡単に言わないで、また。

南原宏治　いや、どうでも一緒《いっしょ》だよ。まあ、どれでも一緒なんだから。

南原宏治氏は古代ギリシャ・ヘルメスの時代に生まれていた?

A　あまりやるとしつこくなるので、これ以上はやめますけれども。でも、一つぐらいは過去世《かこぜ》を教えてくださってもいいじゃないですか。

南原宏治　いや、俺なあ、いちばん似てると思うのは、実はヘルメスなんだよな。やっぱり、自己陶酔《とうすい》のあの感じなあ。俺にそっくりだと思うわ、いつ見ても。

A　ヘルメスですか?

南原宏治　いや、そっくりだなあ。金髪《きんぱつ》だったら、あんな感じじゃないかあ。もうそっくりだなあ。

A　やっぱり、「ヘルメスの精神」を宿して、体《たい》してのものですね。

南原宏治　もう、金髪だったらヘルメスだなあ、どう見ても。

A　はあ……。

南原宏治　黒髪《くろかみ》だったらヘルメスじゃないがあ。

A　「ヘルメス的な精神性、自由性がある」ということですね。

ヘルメス
ギリシャ神話においてオリンポス十二神の一柱として知られる神で、4300年前にギリシャに実在した英雄。「愛」と「発展」の教えを説き、全ギリシャに繁栄をもたらした。（写真：幸福の科学大阪正心館のヘルメス神像）

南原宏治　ええ？　うーん。

Ａ　ヘルメスの時代にいたんでしょう？　いました？

南原宏治　ヘルメスの父親だったらどうする？

Ａ　リュカルゴス王ですか？

南原宏治　（過去世がリュカルゴス王という人はまだ）出てないだろうが。

Ａ　まだ出ていない？　リュカルゴス王、リュカルゴス王……。

南原宏治　まだ出てないだろうがあ。そのくらいは、本部講師だから知ってるんだ！

Ａ　リュカルゴス王ですか？

南原宏治　そうだ！

Ａ　いやあ！（笑）

南原宏治　分かった？　分かった？

Ａ　本当ですか？

南原宏治　分かった？　〝大川隆法の父親〟だ！（注。ヘルメスは大川隆法の過去世の一つ）

Ａ　だとすると、新事実です。

南原宏治　やったあ！（会場笑）やったあ！　やったあ！　これで歴史に名前が遺《のこ》った。この霊言《れいげん》は成功した！

Ａ　（苦笑）いや、残念ながら、そうやって決められないんですよ（会場笑）。

南原宏治　やったあ！　やった！　君たちより偉い！　まだ出てない！

Ａ　いやいや、「リュカルゴス王かもしれないな」というところで、今日は、いい学びをさせていただきました。

南原宏治　ということであれば、「マイシャの夫」ということになるが、まあ……。

Ａ　いや（笑）、マイシャの……、それは……。

南原宏治　あのねえ、四国の秘書長先生は、私の大ファンなんですよ、実は（注。大川隆法の母のこと。過去世において、ヘルメスの母マイシャとして転生している。『天理教開祖《てんりきょう》　中山《なかやま》みきの霊言』〔幸福の科学出版刊〕参照）。

Ａ　あ！　それは本当かもしれない。

南原宏治　だから、これ、本当なの。これは、ほんと！

Ａ　これは本当ですか？

南原宏治　これ、ほんと！

Ａ　事実をおっしゃってください（会場笑）。

南原宏治　これ、事実です！　もうねえ、私の斬《き》られ方を見ると、（秘書長先生は）いつも「シビれる」って言ってたから。

Ａ　（笑）（会場笑）そうですか。

南原宏治　「もう、あの斬られ方、最高！　もう、日本最高！」

Ａ　分かりました！

南原宏治　「もう、丹波哲郎《たんばてつろう》なんか、いい役ばっかりして、けしからん」って、いつも秘書長先生は怒っておられた。だからねえ、（過去世で）夫婦《ふうふ》だったんですよ。

A　（笑）なるほど。

南原宏治　私は「リュカルゴス王」だって、これ、もう決まりだね（会場笑）。決まった！

A　いや……（苦笑）。

南原宏治　決まった。これはいい。

「仏陀《ぶっだ》の時代には大国の王様だった」と言い張る南原宏治氏

A　それでは、「謎《なぞ》を残して」ということで、今日は……。

南原宏治　これで（この霊言を書籍《しょせき》化したときの）表紙のビジョンまで、もう見えてきた！

Ａ　今日は、「ギリシャの風」を吹《ふ》かせて、それでは……。

南原宏治　リュカルゴス王で、横にこう、美しい王女かなんかをはべらして、できたねえ。

Ａ　はい。いいイメージができました（笑）。

南原宏治　ああ。だから、リュカルゴス王が転生するとしたら、どうなる？　どうだ！　どうだ！

Ａ　うっ、ああ……。

南原宏治　逆質問だ！　どうだ！

Ａ　ああ、苦しい（笑）。

南原宏治　どうする？　どうする？

Ａ　苦しいです（笑）。

南原宏治　仏陀《ぶっだ》の時代に生まれたら、どうなる？

Ａ　分かりません。

南原宏治　さあ、王国で大きいのは二つしかない。どっちだ？

Ａ　はい。マガダ国とコーサラ国しかありません。

南原宏治　さあ、どっちだ？

Ａ　いやあ、でも、その国王（ビンビサーラ王とプラセーナジット王）は、現代に転生して出てきているという霊査《れいさ》もありますよ（笑）。

南原宏治　出てたか？

Ａ　出ていました。ええ。

南原宏治　残念。じゃ、それを取り消せ！　取り消したらいい。

Ａ　「取り消し」って……（笑）（会場笑）。そんな簡単に取り消せるわけがないじゃないですか。

南原宏治　だって、貢献度《こうけんど》が足りん、貢献度が。

A　貢献度が？　そうですか。

南原宏治　教団への貢献度はないだろう。だから、それは間違ったんだ、昔の判断で。だから、それを取り消したら、私の分が〝空《あ》く〟から、それで次、〝入れて〟くれたらいい。

A　分かりました。じゃあ、仏陀の時代はキングであったと。

南原宏治　どっちかにしてくれ。どっちか、どっちかにしてくれ。

A　はい。分かりました。それはあとで検討させていただきたいと……（笑）。

南原宏治　好きなほうでいい（会場笑）。

A　みなさまと共に想像を膨《ふく》らませたいと思います。

南原宏治　ほかの政治家は、昔、ゴマすったんだろうけど、教団に寄付でもしたか？　ろくにしてないだろう？　そんなもの。何にもしてないんだから、こんな「名前だけ」のは駄目駄目駄目。こんなの、駄目だ。こういう「偽物《にせもの》」（の過去世）は全部〝間引《まび》く〟。もう省《はぶ》く。

A　（笑）分かりました。じゃあ、いい時間になってきましたので！

南原宏治　ああ。（私は）教団の関係者だけど……。

A　もっと聴《き》きたいんですけれども、そろそろ時間でして。

南原宏治　仏陀の時代も王様であった！

A　はあ。この、「時代の特定《とくてい》」のところで、もうだいぶエネルギーが使われていますので。

南原宏治　仏陀の時代も王様であった！　さらに、その「次」があるとしたら、やっぱり坂本龍馬《さかもとりょうま》になりたいところではあるけれども……。

A　ども……（笑）。

南原宏治　似てなければいけないので、まあ、〝坂本龍馬の父親〟あたりだったら許されるかなあと。

A　なるほど。血縁関係だと。

南原宏治　何としても〝縁をつけよう〟としてるんではあるけれども。

A　これからの精進《しょうじん》を期待して……（笑）。ごめんなさい、怒ってしまいましたか？

（笑）　大丈夫《だいじょうぶ》ですか？

娘《むすめ》への最後のメッセージは「もっと戦闘《せんとう》的に！」

南原宏治　（Cに）娘《むすめ》よ。ちょっと君ねえ、もうちょっと戦闘《せんとう》的にならないといかんよ。俺はもう、だいぶ前からアドバイスをしておるんだからさあ。なんで、このチャンスを生かせないのか。

C　（笑）もっと戦闘的に……？

南原宏治　やっぱり〝攻撃力《こうげきりょく》〟が必要。女性には。

A　最後に、お父様に、これからの精進の誓《ちか》いを……。

南原宏治　やっぱり、もっとねえ、〝心臓部〟をめがけて攻撃をかけなければいけない！

まあ、父親の遺言《ゆいごん》をねえ、君は甘《あま》く見すぎだ！　うーん、そのへん、努力不足があると思うなあ。もうちょっとねえ、やっぱり〝心臓部〟のお役に立たないといかん！　そう思うねえ。うん。

C　はい。

A　もう、天上界《てんじょうかい》にお見送りして、強い念いで……（会場笑）。

南原宏治　私は〝仏陀とヘルメスの父〟みたいなもんなんだからさあ。

C　本日はありがとうございます。

南原宏治　ああ？　ああ。

C　本当に、教団一同、今日の自由な……。

南原宏治　感謝した？

C　はい。エネルギーを受けて、伝道に邁進《まいしん》していきたいなというふうに思っております。

南原宏治　ええ、まあ、しっかり……、頑張《がんば》りたまえ。

C　はい。

今回、サングラスをかけて登場した理由

南原宏治　まあ、本心を読まれないために、眼鏡《めがね》（サングラス）はとうとう外《はず》すことができなかった。

C　本当にありがとうございました。

南原宏治　ということで、「本心を見られず」に、本心を話した。

Ａ　今日は本当にありがとうございました。

南原宏治　うん、まあ、よろしゅうな。君ぃ、もう用、終わってるからね。

Ａ　（苦笑）分かりました。

南原宏治　まあ、ほどほどに。

Ａ　はい。それでは、「帰天《きてん》の心」も準備しまして。

南原宏治　わしの悪いことを覚えてるんなら……。

Ａ　悪いことを覚えて……（苦笑）。これから、もっと〝しゃべって〟いきますから。

南原宏治　早めに（地上を）去ることも、美学の一つだからね。

Ａ　はい。分かりました。

南原宏治　まあ、しっかりな。うーん、じゃ、以上とさせていただきます。ありがとうございました。

Ａ　ありがとうございました。

8 南原宏治氏の霊言《れいげん》を終えて

帰天《きてん》後もエネルギッシュでパワフルだった南原宏治氏

大川隆法　（手を二回叩《たた》く）いや、エネルギッシュな方でしたね。なかなかエネルギーはありますね。大したものです。やはり、これは鍛《きた》えていらっしゃるから。すごいですね。声量《せいりょう》もあるし。

今朝《けさ》、私は、本を二冊も校正したので、くたびれているのですが。なかなかパワフルな方ですね。これは、あの世でも精力的にやっておられると思いますね。

いや、惜《お》しい人材でしたね。今、いらしたら、もっともっと活躍《かつやく》できたでしょう。残念でしょうね。

でも、きっと霊《れい》指導は、なされているのではないかと思いますので。

これは、今晩、また来るな（会場笑）。帰ってくると思いますけれども、（Cに）そちらに送りますから、よろしくお願いします（笑）。

それでは、以上です。ありがとうございました。

A　ありがとうございました。

あとがき

今は幸福の科学でも、スター養成スクールや、ニュースター・プロダクション(株)、ＨＳＵ「未来創造学部」も持っており、毎年のように実写映画や長編アニメ映画の製作を続けている。

俳優・南原宏治さんがご存命《ぞんめい》であったなら、さぞかし、身を乗り出し、直接ご指導されようとしたことだろう。何だか親孝行し損《そこ》ねた息子のような、淡《あわ》い後悔の念を感じている。ただ帰天《きてん》直後の霊言で「(元)妻と娘の面倒を見てやってくれ。」とお願いされたことは、約束として守ってきたつもりである。

私自身、映画の製作総指揮者を続けているうちに、ずいぶんと、映画や、ドラマ、演技、ミュージックの勉強をさせてもらった。

本書は、異色《いしょく》の霊言集として、二年半刊行を封印《ふういん》されていたが、本人のたってての希望もあって、出版することとした。今、南原さんの「情熱」や「魅力」に教団として学ぶことも多いと考えたからでもある。

二〇一六年　二月十九日

幸福《こうふく》の科学《かがく》グループ創始者兼総裁《そうししゃけんそうさい》　大川隆法《おおかわりゅうほう》

『俳優・南原宏治のガハハ大霊言』大川隆法著作関連書籍

『太陽の法』(幸福の科学出版刊)
『黄金の法』(同右)
『霊界散歩』(同右)
『小説家・景山民夫が見たアナザーワールド』(同右)
『丹波哲郎 大霊界からのメッセージ』(同右)
『AKB48ヒットの秘密――マーケティングの天才・秋元康に学ぶ――』(同右)
『「宇宙の法」入門』(同右)
『ウォルト・ディズニー「感動を与える魔法」の秘密』(同右)
『天理教開祖　中山みきの霊言』(同右)
『釈量子の守護霊霊言』(幸福実現党刊)
『「人間グーグル」との対話』(同右)

※左記は書店では取り扱っておりません。最寄りの精舎・支部・拠点までお問い合わせください。

『大川隆法霊言全集 第11巻 坂本龍馬の霊言／吉田松陰の霊言／勝海舟の霊言』
（宗教法人幸福の科学刊）

『卑弥呼の真実／持統天皇の霊言』（同右）

俳優《はいゆう》・南原宏治《なんばらこうじ》のガハハ大霊言《だいれいげん》

――俺の辞書には〝ＮＧ〟なんてネエ！――

2016年3月3日　初版第1刷

著　者　大《おお》川《かわ》隆《りゅう》法《ほう》

発行所　幸福の科学出版株式会社

〒107-0052 東京都港区赤坂2丁目10番14号
TEL(03)5573-7700
http://www.irhpress.co.jp/

印刷・製本　株式会社 堀内印刷所

落丁・乱丁本はおとりかえいたします

ISBN978-4-86395-393-2 C0095

大川隆法霊言シリーズ・プロフェッショナルに学ぶ

高倉健　男のケジメ

死後17日目、胸中を語る

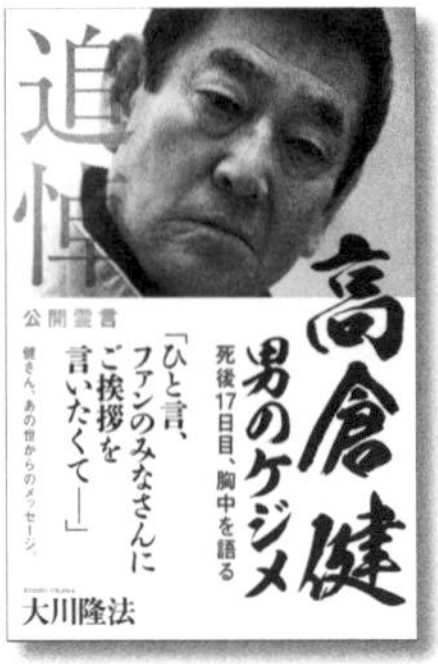

ファンや関係者のために、言い残したことを伝えに帰ってきた――。日本が世界に誇る名優・高倉健が、「あの世」からケジメのメッセージ。

1,400円

丹波哲郎
大霊界からのメッセージ

映画「ファイナル・ジャッジメント」に物申す

映画「ファイナル・ジャッジメント」に、硬軟取りまぜた〝丹波節〟が炸裂！ 霊界でのエピソードも満載の「霊界の宣伝マン」からのメッセージ。

1,400円

女神の条件
女優・小川知子の守護霊が語る成功の秘密

芸能界で輝き続ける女優のプロフェッショナル論。メンタル、フィジカル、そしてスピリチュアルな面から、感動を与える「一流の条件」が明らかに。

1,400円

※表示価格は本体価格（税別）です。

大川隆法 霊言シリーズ・人気の秘密を探る

俳優・香川照之のプロの演技論 スピリチュアル・インタビュー

多彩な役を演じ分ける実力派俳優が語る「演技の本質」とは？「香川ワールド」と歌舞伎の意外な関係など、誰もが知りたい「プロの流儀」に迫る。

1,400円

「イン・ザ・ヒーローの世界へ」 —俳優・唐沢寿明の守護霊トーク—

実力派人気俳優・唐沢寿明は、売れない時代をどう乗り越え、成功をつかんだのか。下積みや裏方で頑張る人に勇気を与える"唐沢流"人生論。

1,400円

天才打者イチロー 4000本ヒットの秘密 プロフェッショナルの守護霊は語る

イチローの守護霊が明かした一流になるための秘訣とは？ 内に秘めたミステリアスなイチローの本心が、ついに明らかに。過去世は戦国時代の剣豪。

1,400円

大川隆法「法シリーズ」・**最新刊**

正義の法

法シリーズ
第22作

憎しみを超えて、愛を取れ

テロ事件、中東紛争、中国の軍拡——。
どうすれば世界から争いがなくなるのか。
あらゆる価値観の対立を超える
「正義」とは何か。
著者二千書目となる「法シリーズ」最新刊！

2,000円

第１章　神は沈黙していない——「学問的正義」を超える「真理」とは何か
第２章　宗教と唯物論の相克——人間の魂を設計したのは誰なのか
第３章　正しさからの発展——「正義」の観点から見た「政治と経済」
第４章　正義の原理
——「個人における正義」と「国家間における正義」の考え方
第５章　人類史の大転換——日本が世界のリーダーとなるために必要なこと
第６章　神の正義の樹立——今、世界に必要とされる「至高神」の教え

幸福の科学出版

Welcome to Happy Science!
幸福の科学グループ紹介

「一人ひとりを幸福にし、世界を明るく照らしたい」――。その理想を目指し、
幸福の科学グループは宗教を根本《こんぽん》にしながら、幅広い分野で活動を続けています。

宗教活動

幸福の科学【happy-science.jp】

- 支部活動【map.happy-science.jp（支部・精舎へのアクセス）】
- 精舎（研修施設）での研修・祈願【shoja-irh.jp】
- 学生局【03-5457-1773】
- 青年局【03-3535-3310】
- 百歳まで生きる会（シニア層対象）
- シニア・プラン21（生涯現役人生の実現）【03-6384-0778】
- 幸福結婚相談所【happy-science.jp/activity/group/happy-wedding】
- 来世幸福園（霊園）【raise-nasu.kofuku-no-kagaku.or.jp】

来世幸福セレモニー株式会社【03-6311-7286】

株式会社 Earth Innovation【earthinnovation.jp】

30th
おかげさまで30周年

2016年、幸福の科学は
立宗30周年を迎えました。

社会貢献

ヘレンの会（障害者の活動支援）【helen-hs.net】

自殺防止活動【withyou-hs.net】

支援活動

- 一般財団法人
「いじめから子供を守ろうネットワーク」【03-5719-2170】
- 犯罪更生者支援

国際事業

Happy Science 海外法人
【happy-science.org（英語版）】【hans.happy-science.org（中国語簡体字版）】

教育事業

学校法人 幸福の科学学園

- 中学校・高等学校（那須本校）【happy-science.ac.jp】
- 関西中学校・高等学校（関西校）【kansai.happy-science.ac.jp】

宗教教育機関

- 仏法真理塾「サクセスNo.1」（信仰教育と学業修行）【03-5750-0747】
- エンゼルプランV（未就学児信仰教育）【03-5750-0757】
- ネバー・マインド（不登校児支援）【hs-nevermind.org】
  - ユー・アー・エンゼル！運動（障害児支援）【you-are-angel.org】

高等宗教研究機関

- ハッピー・サイエンス・ユニバーシティ（HSU）

政治活動

幸福実現党【hr-party.jp】
- <機関紙>「幸福実現NEWS」
- <出版> 書籍・DVDなどの発刊
- 若者向け政治サイト【truthyouth.jp】

HS 政経塾【hs-seikei.happy-science.jp】

出版 メディア 関連事業

幸福の科学の内部向け経典の発刊

幸福の科学の月刊小冊子【info.happy-science.jp/magazine】

幸福の科学出版株式会社【irhpress.co.jp】
- 書籍・CD・DVD・BDなどの発刊
- <映画>「UFO 学園の秘密」【ufo-academy.com】ほか８作
- <オピニオン誌>「ザ・リバティ」【the-liberty.com】
- <女性誌>「アー・ユー・ハッピー?」【are-you-happy.com】
- <書店> ブックスフューチャー【booksfuture.com】
- <広告代理店> 株式会社メディア・フューチャー

メディア文化事業
- <ネット番組>「THE FACT」【youtube.com/user/theFACTtvChannel】
- <ラジオ>「天使のモーニングコール」【tenshi-call.com】

スター養成部（芸能人材の育成）【03-5793-1773】

ニュースター・プロダクション株式会社【newstar-pro.com】

入会のご案内

幸福の科学では、大川隆法総裁が説く仏法真理《ぶっぽうしんり》をもとに、「どうすれば幸福になれるのか、また、他の人を幸福にできるのか」を学び、実践しています。

入会

仏法真理を学んでみたい方へ

大川隆法総裁の教えを信じ、学ぼうとする方なら、どなたでも入会できます。入会された方には、『入会版「正心法語」』が授与されます。

三帰《さんき》誓願《せいがん》

信仰をさらに深めたい方へ

仏弟子としてさらに信仰を深めたい方は、仏《ぶっ》・法《ぽう》・僧《そう》の三宝《さんぽう》への帰依を誓う「三帰誓願式」を受けることができます。三帰誓願者には、『仏説・正心法《しょうしんほう》語《ご》』『祈願文《きがんもん》①』『祈願文②』『エル・カンターレへの祈り』が授与されます。

Information

幸福の科学 サービスセンター

TEL 03-5793-1727（受付時間／火～金：10～20時 土・日祝：10～18時）

幸福の科学 公式サイト happy-science.jp

幸福の科学グループの教育・人材養成事業

ハッピー・サイエンス・ユニバーシティ

Happy Science University

ハッピー・サイエンス・ユニバーシティとは

ハッピー・サイエンス・ユニバーシティ(HSU)は、大川隆法総裁が設立された「現代の松下村塾」であり、「日本発の本格私学」です。
建学の精神として「幸福の探究と新文明の創造」を掲げ、
チャレンジ精神にあふれ、新時代を切り拓く人材の輩出を目指します。

学部のご案内

人間幸福学部

人間学を学び、新時代を切り拓くリーダーとなる

経営成功学部

企業や国家の繁栄を実現する、起業家精神あふれる人材となる

未来産業学部

新文明の源流を創造するチャレンジャーとなる

未来創造学部

2016年4月開設予定

時代を変え、未来を創る主役となる

政治家やジャーナリスト、ライター、俳優・タレントなどのスター、映画監督・脚本家などのクリエーター人材を育てます。※

※キャンパスは東京がメインとなり、2年制の短期特進課程も新設します(4年制の1年次は千葉です)。2017年3月までは、赤坂「ユートピア活動推進館」、2017年4月より東京都江東区(東西線東陽町駅近く)の新校舎「HSU未来創造・東京キャンパス」がキャンパスとなります。

住所 〒299-4325 千葉県長生郡長生村一松丙 4427-1
TEL.0475-32-7770

ニュースター・プロダクション

ニュースター・プロダクション（株）は、世界を明るく照らす光となることを願い活動する芸能プロダクションです。2016年3月には、ニュースター・プロダクション製作映画「天使に“アイム・ファイン”」を公開します。

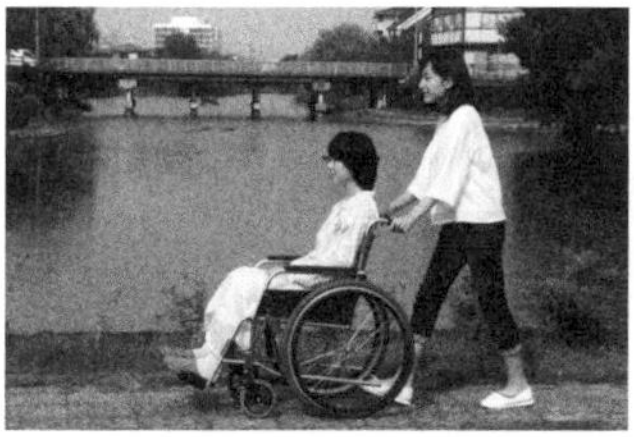

映画「天使に“アイム・ファイン”」のワンシーン（左）と撮影風景（右）。

スター養成スクール

私たちは魂のオーラを放つ、幸福の科学オリジナルスターを目指しています。

神様の代役として、人々に愛や希望、あるいは救いを与えるのがそうしたスターやタレント達の使命なのです。

（「『時間よ、止まれ。』－女優・武井咲とその時代」より）

レッスン内容

●Power of Faith（信仰教育）　●芸能基礎レッスン（日舞、バレエ）　●演技レッスン
●ジャズダンス　●ボーカルレッスン

スター養成スクール生大募集！

小学校１年生～２５歳までのスターを目指す男女（経験不問）。
電話：03-5793-1773

天使は、見捨てない。
天使に
I'm fine!
アイム・ファイン
製作総指揮/大川隆法
雲母(きらら)　芦川よしみ　金子昇　清水一希　合香美希
原作/『アイム・ファイン』大川隆法(幸福の科学出版)
監督・脚本/園田映人　音楽/大門一也　製作:ニュースター・プロダクション　制作プロダクション:ジャンゴフィルム　配給:日活　配給協力:東京テアトル
©2016ニュースター・プロダクション
5つの傷ついた心に、奇跡を起こす —
3.19(SAT)ROADSHOW
www.newstar-pro.com/tenshi/
NIKKATSU